会話の天才
自分を変える3つのスキル

野地秩嘉

ワニブックス
|PLUS|新書

はじめに

会話は「笑う、ほめる、相づちをうつ（共感する）」だけでいい

探しものは思わぬところから見つかるものです。

五反田の、あるキャバクラを取材したときのことでした。超がつく人気店です。理由を探るべく朝礼が始まる午後3時からラストまで店にいました。

キャバクラというと軽いノリで運営しているように思われがちですが、裏側のマネジメントはじつにシビアです。たとえば朝礼はひどく真面目な雰囲気でした。

世間一般にはキャバ嬢と呼ばれているキャストに加えて黒服、ボーイが集まり、ピンと張り詰めた空気の中で朝礼が始まります。

いったいどんな言葉が飛び交うのだろう。

期待半分、怖いもの見たさ半分のような感じで聞いていていたら、体格のいい、ちょっと

コワい感じの店長が「みなさん、もっとお客さんとの会話を大事にしてください」と言い始めたのです。彼の話はすばらしいものでわたしは感動したのを覚えています。

「いいですか？　ナンバーワンになるにはどうすればいいのか？　答えは簡単です。話がうまくなること。話のうまい人にはお客さんがつきます。

上手に話すことは難しくはありません、誰にでもできます。コツは何か。『笑う、ほめる、相づちをうつ（共感する）』。この三つだけです。これができない人は今すぐ辞めてください」

なるほどと思いました。

そして、開店。客として席に案内されたらナンバーワンの子がついてくれました。言ってはなんですがとくに美人でもなかったし、胸が大きいわけでもない。ふつうの女子でした。

ところが席についた途端、彼女はまずわたしにやさしい笑顔を向け「お客さんのネクタイいいですね、わたしの好みです」と言いました。

次に「お客さん何か透明感がありますね」とほめるのです。

「え、そうかな?」と言うと「そうですよー」と、笑顔で相づちを打ちながら共感して、それでおしまい。やりとりは1分もありませんでした。

彼女と一緒にいたのはわずかな時間です。にもかかわらず、わたしはその子に好感を持ってしまいました。

彼女は店長の言ったことを素直に実践する子だったからナンバーワンになれたのでしょう。


そのキャバクラは、金持ち客が来る店ではありません。ふつうの若いビジネスマンが来る店です。それなのにナンバーワンの子は「銀座のホステスよりも給料が高い」と打ち明けてくれました。

わたしの席を切り上げ別の席についた彼女を見ていると、若い男性客が超高級ワインで知られる「ロマネ・コンティ」を頼みました。店の価格で160万円。きっと、その若い男性客は自己破産も覚悟して、彼女に貢いでいるのでしょう。

さて、男性客のテーブルで妖しくきらめくロマネ・コンティを見て納得しました。雑談のコツは「笑う、ほめる、相づちをうつ（共感する）」にあるな、と。この三つだけわかっていればいいんじゃないか……。

会話がうまい人、雑談上手な人ほど出世すると言いますが、それはなぜなのか。そして会話のコツとは何だったのか。キャバクラに行って、その答えを見つけたと思いました。

店内を観察すると、ほかのキャストもみんな笑ったり、ほめたりはしていました。しかし「共感する」ところまでうまくできている子は少ないように感じました。

共感するには相手のことを知らなければならない。赤の他人に対してはなかなか共感できないのです。とくに、仕事で初めて会う人に共感するのは簡単ではありません。これはみなさんも経験があるのではないでしょうか。

相手のことをいろいろ調べて、自分との共通点や趣味嗜好《しこう》、考え方が似ていることを発見しないと共感はできにくいし、相づちを打つこともなかなかできません。

それを考えるとナンバーワンの子はエラい。初対面の客にもあっさりと共感でき、しかも相手も自然に好意を感じてしまうのですから、これは大変な技術です。一流の技術と言えるでしょう。

「笑う、ほめる、相づちをうつ（共感する）」の意味

ここで「笑う、ほめる、相づちをうつ（共感する）」の定義づけをしておきましょう。

まずは会話における「笑う」ことについて。

もちろん、お腹を抱えてげらげら笑うことではありません。「ほほ笑む」状態を表わします。ほほ笑むことによって、相手に「私はあなたの敵ではありませんよ」と意思表示しているのです。

キャバクラの女の子はお客さんを安心させて警戒心を解くために、常にほほ笑んでいます。そうすることで相手に話しやすくさせているのでしょう。

次に「ほめる」について。

背が高いとか、ハンサム、きれいなどのほめ言葉は使う相手を限定してしまいます。背が高すぎることがコンプレックスとなっている人に対して「スラッとしてますね」と

おべっかを言ったら、「何、言ってんだ、こいつは」と怒られてしまいます。

誰に対しても使えるほめ言葉でなくてはいけません。

たとえば「品の良いシャツを着ていますね」であれば、相手がどんなシャツを着ていても使えます。ほかにも「品の良いバッグを持っていますね」や「ネクタイのセンスいいですね」なども大丈夫。誰に対しても使うことができます。

上手なほめ方として「さすが！」と感じるのが、タレントのせんだみつおさんです。せんださんは赤ちゃんをほめるとき必ず「かわいい女の子ですね」と言います。

赤ちゃんは一歳くらいまで男か女か見た目では判断できません。だからとりあえず女の子としておく。そうすれば実際は男の子だったとしても「色も白いし、かわいいから女の子かと思いました」と言えば、お母さんも悪い気はしない。一方、「りりしいまゆ毛の男の子ですね」と赤ちゃんをほめてしまって、もし、それが女の子だった場合、お母さんは気分を害してしまうでしょう。

相手が誰であっても適用できるほめ方とはまさにこういうことです。人を楽しませる笑いのプロは、目の前の相手を悲しませるようなことを言わないことにかけてもプロなのです。

最後に「相づちをうつ（共感する）」について。

これは、相手の意見になんでも従うとか、同調することではありません。やたらに相づちをうったり、こびるのとも違います。

相手の話を聞くなかで「いい話だな」「この人のここがいいな」と、心から思ったときにだけ相づちをうつことが大切です。それが共感です。

日本サッカー協会最高顧問の川淵三郎さんから聞いた話のなかにも「相づち（共感）」の重要性がありました。川淵さんは「接待ゴルフ」のときには誰もが「ナイスショット！」と連発するけれど、やめておいたほうがいいと言っています。

それはなぜか。ゴルフをやっている人はわかると思いますが、本当のナイスショットは、1日に2、3回しかない。当たり損ねなのにナイスショットと言われると、もちろん嫌ではないにしても「あぁ、この人わかってないな」と思ってしまう。さらには、「この人はゴルフにかぎらず何でもおべっかを言うんだな」と……。

本人が本当にいい球だと思って笑みを浮かべたとか、そういうときにだけ「ナイスシヨット」と声をかけてあげるのが大事なのです。

これこそまさに共感です。会話であれば、機械的ではなく相手の話をよく聞いて、「ここがツボだな」と思ったところでだけ相づちをうつこと。

会話や雑談に必要なのは基本的にはこの三つ、「笑う、ほめる、相づちをうつ（共感する）」だけです。

世間には、さまざまな会話術、雑談のヒントがあふれていますが、達人と言われる人ほどシンプルにこの三つを大事にしていると言っていいでしょう。

会話は誰でもうまくなれる

こうしてエラそうに「会話術」の本を書いていますが、わたしは話すことを得意としてきたわけではありません。むしろ苦手でした。知らない人と会って話をするとき、必ず赤面していたのです。

小学校から大学まで教室ではずっと黙っていました。答えがわかっていても、授業中に一度たりとも手を挙げて発表したことはありません。先生が答えのわかっている生徒を探して教室を見回すと、さっと顔を伏せてそのまま息をひそめていました。

小学校時代の遠足は今でも嫌な記憶しかありません。遠足へ向かうバスの中でマイクが回ってきて、先生やバスガイドさんからテーマを与えられてトークをしたり歌を歌ったりしないといけないのです。それが嫌で遠足に行かなかったことさえあります。

それくらい人の前で話をすることにおびえていました。いまでも、自ら進んで発言する人間ではありません。

そんな人間が、ほんとうにひょんなことからライターになることになったのです。

ある本をプロデュースすることになり著名な作家に執筆を頼もうとしたところ、「野地くんが書いてみたら？　教えてあげるから」と言われ、この世界に足を踏み入れたはいいものの、仕事上、アポイント取りから現場の取材まで、全部自分でしなければなりません。会ったこともない人に電話をして、会話をしなければならなくなりました。

これはとてつもなく苦痛で、やっぱりどこか会社につとめようとも思いました。しかし、他人をまきこんで一度始めた以上、やめるわけにはいきません。

「よし、がんばるしかない」と、自分なりに訓練を重ね、コツをつかみ、なんとか一人前になることができました。

ビートルズのポール・マッカートニーや高倉健さんをはじめ、ユニクロの柳井正さん、ソフトバンクの孫正義さんなど、大物と言われる人たちとも取材を通してふつうに会話や雑談ができるようになったと思っています。

自分でも嘘みたいですが、それもこれも会話や雑談の達人たちから学ばせてもらい、会話のコツをつかんだからです。話が上手な人は生まれもって話し好きなわけでも頭の回転がいいわけでもありません。コツをつかんでいて自分のものにしている。高倉健さん、柳井さんと話しているとふたりは無口な人だなと感じます。しかし、ふたりのしゃべった内容はストレートに伝わってきます。

そして、思えば高倉さん、柳井さんは、「笑って、ほめて、共感」していました。

この本には、わたしがライターとして仕事をするなかで得た「会話（雑談）の要諦」を、包み隠さず書きました。昔のわたしのように仕事やプライベートで会話に困っている人のヒントになれば幸いです。

■チェックリスト

□「笑う、ほめる、相づちをうつ（共感する）」を忘れない
□ほほ笑むことで相手が話しやすくする
□みんなに当てはまるほめ方をする
□本当に共感したときだけ相づちをうつ
□話の上手な人としゃべるとき、そこに隠れたコツを意識してみる

目次

第3章　会話における七つの基本

第4章 「雑談」七つのNG……83

第5章 ビジネス想定会話術……95

第7章 会話の達人たちの技術

第1章　会話は姿勢で決まる

「面白い／つまらない」は3秒で決まる

最初に真実を言っておきます。

会話は、話をひととおり聞き終わってから、「あ、この話は面白い」とか「この話はつまらない」と感じるものではありません。

つまらない話は最初の3秒か4秒でもう、つまらないとわかります。話し始めたとたんに話し手から退屈な気配が伝わってくる。そうなるともうダメです。

「こいつ何を長々と話しているんだ」——聞いている方はそう思ってしまうのです。一方、話す側は自分が話すことに一生懸命になっているので、相手が最初の3秒か4秒で「つまらない」と判断をしていることに気がつかない。

そのために、誰もが経験している、会話が終わったあとのあの何とも言えない空虚な気配が漂ってしまうわけです。

こう言うと身も蓋もないかもしれませんが「つまらない話」をするのはまったく無意味です。雑談は大切なのですが、「これはたいしたことのない話だな」と自覚しているのなら、むしろ何も話さない方がいい。

とくにビジネスの場であれば、にこっと「ほほ笑んで」すぐに仕事の話に入ったほうがいいのです。

相手につまらないと思われてしまう意外な理由

では、どんなときに相手に退屈な気配を感じさせてしまうのでしょうか。

まず、そもそも話の内容以前に、相手がこちらに対していい印象を持たないときがそうです。

相手にそうした印象をいだかせてしまう人にありがちなのは、態度や振る舞いに相手への思いやりが抜け落ちてしまっているケース。

服装がきちんとしていない、髪形がぼさぼさ、挨拶《あいさつ》もロクにせずにふんぞりかえる、名刺をきちんと渡せない……。ビジネスマンとしての礼儀作法がなっていないために、聞く方は、その人が何を話してもダメだと思ってしまうのです。

え、そこから？　と思うかもしれませんが、自分が話を聞く側として想像してみればわかるのではないでしょうか。エラそうな態度、だらしのない服装で長々と話す相手にいい印象なんて持ちませんよね。

作家、山口瞳さんについて書かれた本のなかにユニクロの柳井正さんがコメントしています。そのなかで柳井さんは「挨拶や礼儀作法は生きてゆく上で必要なことです」と言っている。

「根幹にあるのは、『相手がどのように感じるかを考えること』。（略）相手にとって気分がよくて、本質的に必要とされるものが礼儀作法だと僕は思う」

続けて、こうも言っています。

「社会が成熟すればするほど、人間対人間、上司と部下の礼儀作法が大切になってくる。会社における昇進、上下関係もすでに年功序列で決まるものではなくなっているし、お互いに礼儀を持って接しないと本当にいい仕事はできないと思う」

わたしもそのとおりだと思います。仕事をする以上、やはり礼儀作法は問われます。きちんと髪形や持ち物にまで「相手にとって気持ちの良い礼儀作法」を守ったほうがいいのです。

会話をかわす前の段階で「つまらない」と思われてしまうような姿勢で会わないこと。それが良い会話のために必要な第一歩です。

言うなれば、まずは紳士たれということです。どうやって面白い話をしようか、どうやって相手にウケるように話そうかとばかり考えている人には意外なことかもしれませんが、姿勢や態度や外見はとても重要なのです。

柳井正さんと孫正義さんの「会話の姿勢」

柳井さんと孫さんが対談をしたときに司会役を務めたことがあります（『成功はゴミ箱の中に』プレジデント社）。

ふたりがしていたのは対談というか、雑談みたいなもの。わたしは司会役でしたが、ふたりは座った途端、１時間近くもなごやかに話していました。お互いに相手のことをよく知っていることもあって、話ははずみました。

話題は共通の知人である日本マクドナルドの創業者、藤田田《でん》さんについてです。そこから始まってベンチャー経営者の資質についても話が広がりました。

ふたりを見ていて感心したのが、話を聞いているときの姿勢でした。

孫さんが話しているときは柳井さんは聞く。柳井さんが話しているときは孫さんが聞く。相手の話に口をつっこんだりはしない。ときどき笑って、相手をほめて、深く共感する。その姿が傍《そば》で見ていても、とても自然で気持ちがいいのです。

社長のような大物はソファーに座り、背中をつけて、ややふんぞり返ったような感じで相手の話を聞いたりしがちです。

しかし、ふたりともそんなことはせずに、ずっと身を乗り出して相手の話を熱心に聞き、相手の反応を確かめてから話をすすめていました。共感するとは、うなずくだけでなく身を乗り出して話を聞くことなのです。

会話には「聞き方の作法」があるのだと、このとき思いました。もし、みなさんが「自分の話が相手になかなか受け入れてもらえない」と感じていたとしたら、自分の話し方ではなく自分が相手の話を聞くときの姿勢を思い出してください。

自分がちゃんとした姿勢で聞いていたら、相手も熱心に話します。そうすると、こちらの話も聞いてくれるようになる。ちゃんと聞くことが大切なのです。

クレイジーケンバンドの「丁寧な姿勢」

柳井さんと孫さんのエピソードにあるように、会話する、雑談する前にまず姿勢をよくすることが必要です。よい姿勢で話し、よい姿勢で聞く。身を乗り出して聞くだけで相手の話が面白く聞こえてくるから不思議です。

わたしたちが仕事相手との打ち合わせで覚えていることとは、雑談の内容ではありません。相手がどういう人なのか、仕事の用件は何だったのか。このふたつです。

つまり、その人の印象とビジネスの内容。ふたつを通して仕事をするに足る人物かどうか判断したりされたりするわけです。

「面白いジョークだったから」この人と仕事しようなんて人はあまりいないでしょう。

それよりも一生懸命汗をかいてしゃべっていたなとか、お辞儀がすごく丁寧だったたな

――などの理由で好感を持つことはよくあります。

人と対面したときの一生懸命さと礼儀正しさで参考になるのが、不良感が漂うバンドのクレイジーケンバンド、そして、あのビートルズです。

クレイジーケンバンドのリーダー、横山剣さんに話を聞いたことがあります。

あるときライブを見ていたら、曲と曲の合間にものすごく丁寧に頭を下げていました。一見ワルそうなイメージなのにステージマナーがとてもいい。その理由を本人に聞いたら「ビートルズを見て覚えた」とのこと。

横山さんいわく「ジョン・レノンなんて不良の塊かと思っていた。しかし、ビートルズのビデオを見ていると、曲を終えたら、丁寧に頭を下げていた。しかも1曲ごとに……。『これはいいな』と思って自分たちもやることにしたんです」。

クレイジーケンバンドもマジメ人間ばかりのバンドではありません。しかし、彼らもまた深々と頭を下げる。聴衆は「丁寧だな」との印象を受ける。相手に気持ちを伝えるための基本の礼儀ができているのです。

ビジネスマンにとって新規の打ち合わせはステージにのぼっているのと同じこと。

ステージマナーをよくすることが相手に伝わるための会話のとっかかりなのです。

会話に必要な「気配りの姿勢」

「会話のステージマナー」のほかに、相手に気配りをすることも大切です。

参考になるのは司会者・俳優として活躍されている峰竜太さん。

峰さんが司会を務めるラジオ番組にゲスト出演したときの話です。わたしはその気配りの姿勢にとても感銘を受けました。

芸能界には、共演者に目上の人や芸歴が自分より長い人がいたら楽屋に挨拶に行くルールがあります。

峰さんはスターであり、しかも司会者という立場です。わたしはゲストといっても2時間番組の5分ほど出演するのみ。質問に二つ三つ答えるだけです。本来であれば挨拶も打ち合わせも必要ありません。

それでも、峰さんは収録前にわたしの楽屋にいらして「今日は先生の好きなように何でもしゃべっていただいていいですから」と言ってくださいました。

番組にはわたしのほかにも専門家のゲストが5、6人来ていましたが、峰さんはすべての方に同じように挨拶をしていたのです。

わたしはテレビやラジオに出演する機会がそんなに多くはありません。ですから少し緊張していました。けれども、司会者である峰さんと本番前に話せたことで緊張していた気持ちがやわらぎ、本番で話しやすくなりました。これこそ超一流の心配りと言えるでしょう。

会話をする前の気配りは非常に大切です。

ビジネスの場面でも会議前に緊張している人がいたら、あらかじめ一声掛けておく。相手の気持ちをほぐしておくこと。これは会話の「準備運動」と言ってもいいでしょう。

小谷正一さんの「気配り力」

八方への気配りで数々の伝説的な仕事を成し遂げてきた人がいます。

電通などを経てイベントプロデューサーとして独立した小谷正一《まさかず》さんです。

小谷さんはもともと毎日新聞社に務めていて、作家の井上靖さんと同期入社でした。西宮球場で牛相撲と呼ばれる闘牛大会を開催したり、甲子園球場で大規模な将棋の公開対局を行うなど、新聞拡販を目的としたイベントを多数成功させました。現在の千葉ロッテマリーンズの前身である毎日オリオンズを創設した人でもあります。

さらには、井上靖さんが芥川賞を受賞した小説『闘牛』の主人公のモデルにもなりました。闘牛大会での小谷さんの活躍が着想のヒントになったそうです。

そんな小谷さんの気配りエピソードのなかでも、とくに有名なものをご紹介します。

小谷さんがフランスのパントマイムの第一人者、マルセル・マルソーを日本に招き、公演を行ったときのこと。

夫に同伴してやってきたマルソー夫人のお世話役の部下にこう言ったそうです。

「女性がショッピングするとき、ふたつの商品を手にして、どちらを買おうか迷うときが必ずある。

マルソー夫人が迷って買わなかった方の物が何だったか、全部記録してこい」

そうして、マルソー夫妻が帰国する際、迷った末に買わなかった商品を大きな箱にまとめて入れてプレゼントしました。

女性が最後まで迷ったというのは、その商品を気に入った証拠である。なかには、あちらを買えばよかった、と後悔したものがあったに違いない——。

マルソー夫人が大喜びしたことは言うまでもありません。

その様子を見ていたマルソーは、「コタニの招きなら、いつでも日本に来る」と言い残して日本を去ったそうです。

どんな高級なプレゼントを贈るよりも、どんなに上手なお世辞を言うよりも、相手の心をつかむのはこのような心からの気配りです。これぞビジネスの神髄でしょう。

小谷さんにはこんな口癖もありました。

「人生とは野球の1000本ノックを受け続けるようなものだ」

わたしが取材でお目にかかったとき、小谷さんはもう七十歳を過ぎていました。しかし、まだまだ現役で「何か困ったことがあったら、電通へ行く前に小谷のところへ行け」と言われていました。先に電通に相談に行っても、結局「小谷さんのところへ行け」と言われるからだそうです。

電通の難しい仕事は全部小谷さんがやった――そういう偉大な人です。

取材中に「ご高齢なのにお忙しいですね」と言ったら、「そんなことはない、俺はやけくそで生きているだけだ」とおっしゃった。

やけくそで生きているという表現が面白く、非常に感銘を受けたのを覚えています。

暗闇で感じた「声」の重要性

もうひとつ、わたしが会話について重要なことを学んだ経験についてご紹介しましょう。

「ダイアログ・イン・ザ・ダーク」という言葉を聞いたことはありますか？

完全な真っ暗闇のなかのこと。初対面の人同士が手をつないで階段を上ったり下りたり、危ないときには助け合いながら空間を進むエンターテイメント体験です。

目で見る以外のさまざまな感覚の可能性をあらためて実感し、コミュニケーションの大切さ、人のあたたかさを思い出そう――というのが主旨です。これまでに全世界の39ヵ国以上で開催され、８００万人を超える人々が体験しています。雇用の創出、障がいに対する認知度の向上にも一役買っているイベントです。

参加者同士は初対面で、相手がどういう人かはわかりません。見た目の情報はありません。声と話す内容だけが、その人を理解する材料です。

完全な暗闇で、まったく初めての人と文字通り手さぐりで助け合うわけですから考え方によっては恐怖もある。けれども、体験していくうちに感じたのは恐怖とは正反対のあたたかい感情でした。

暗闇ですから表情なんて使えません。助け合うためのツールは人が発する声だけです。時間が経つにつれ、声の大きさ、音質がコミュニケーションでは重要だとわかってきます。

話のうまさには、声の良さが占める要素が大きいなと思いました。あとは、声がきちんと通るようにしゃべっているかどうか、短い言葉で本質的なことを伝えられるかどうかも大切です。

何も見えない真っ暗なところに放り込まれると、安心感が欲しくなる。だからこそ、その人と自然と話したくなるようなやわらかい声の人、笑いを含んだような声の人、怒った口調ではなくはっきりとしゃべる人。そういう人が自《おの》ずとリーダーになっていったのです。

「ダイアログ・イン・ザ・ダーク」に参加すると、人に伝わるしゃべり方、声がどういったものかが身をもって体験できます。おすすめです。参加してみるといいでしょう。

「声の出し方」と「話し方」

実際に声を出すとき、話すときに気をつけるべきこととは何でしょうか？

これはまさに高倉健さんがそうだったのですが、ふつうのときでも腹式呼吸でしゃべっているのだなと感じていました。だからこそ、相手にしっかりと届いていたのです。

あとは、人が気になるような高音を出さないこと。早口ではなく、どんなときでもしみとおるようにはっきりと声を出す。

また「話すこと・歌うこと」について、国民的名優と呼ばれた森繁久彌さんが和田アキ子さんに教えた言葉があります。

「歌は語るように歌え、セリフは歌うようにしゃべれ」

和田アキ子さんが森繁久彌さんとドラマで共演したときに、「セリフがうまくしゃべれない」と森繁さんに相談したそうです。すると森繁さんは、「わたしはね、いつも歌うつもりでセリフをしゃべっているんだ」と教えたとのこと。

大先輩の思いがけないアドバイスで和田さんは「そうか」と気が楽になったと話してくれました。

緊張してはいけないとか、ちゃんと話さないといけないと意識しすぎると、うまく言葉が出てきません。歌手でなくとも、カラオケで歌うときは自然に言葉が出てくるでしょう。実は、そこにヒントがあるのです。自分の歌い方で歌う。自分の話し方で話す。

自分の話しやすいリズムでしゃべってみるとリラックスします。相手に自然に伝わる話し方ができているのです。

■チェックリスト

□ビジネスの場では素直に仕事の話から入る
□話す以前に自分の服装や態度をちゃんとする
□会話するときは「聞き方」を意識
□やわらかくあたたかみのある声を出すと相手が安心する
□自分がリラックスできるリズムでしゃべる

第2章　会話の技術は誰でも手に入る

わたしは会話が苦痛だった

「はじめに」で告白したように、わたしは会話が苦手でした。

まだ携帯電話がなかった時代。女子の家に電話しました。デートの誘いです。本人もしくはお母さん、お姉さん、妹といった女性が電話に出た場合はまだよかった。ちゃんと話をしました。しかし、お父さんやお兄さんのような男性が出てきたらそのとたん、電話を切ることにしていました。コワかったからです。

就職面接のとき、面接官に会うことがストレスで大手町駅で鼻血を出したことがありました。ワイシャツをまっ赤にしてうちに帰り、もちろんその会社は落ちました。

わたしたちの頃は割と就職は楽でしたから、それでも大企業の内定を2社もらうことができました。けれど、話がうまくて面接を通ったわけではありません。父親が早く死んで母子家庭だったことを、同じくひとり親家庭で育った面接官が同情してくれて内定をくれたのと、もう1社は優秀な友人のおまけでした。面接は大嫌いだった。

ライターになってからもしばらくは同じ状態でした。インタビューは下手、質問するときもしどろもどろ……。同行した編集者は見かねて、代わりに質問をしてくれました。

ではそんな話下手なわたしがなぜライターになったのか。

文章を書いていれば人に会わなくて済むと思ったからです。

原稿は文献を研究すれば書けるだろう——と。わたしに限らずライターになった人はそういう勘違いをした人が多いのではないでしょうか。

わたしは美術ライターとしてスタートしました（今もそうなのですが）。美術ライターならばなおさら人に会わなくて済むものと思っていました。絵を見て、本を読んでいれば書けるに違いない……。

しかし、実際になってみたら、ライターは人に会う仕事でした。人に会わなければ仕事にならない。美術でも時代小説でも取材しなければ書けないのです。

かつて文藝春秋の社長であり、名編集者だったのが、池島信平という人です。池島さんは「ジャーナリストは何業か?」と聞かれたとき、間髪をいれずに接客業だと答えました。人と会うのが仕事だというのです。

さらに「ジャーナリズムの反対語は何か?」と聞かれたことがありました。ジャーナリズムの反対語ならアカデミズムだろうと思いがちです。しかし、池島さんは「ジャーナリズムの反対語はマンネリズム」と喝破しました。同じことのくりかえし、同じような企画はジャーナリストとして落第なのです。

話を戻します。

30歳を過ぎてからライターになったわたしは出版されるかどうかもわからない単行本をひとりで取材して書いていました。のちに『キャンティ物語』として幻冬舎から出る本です。

出版社が決まっていないから伴走してくれる編集者もいない。アポイント取りから現場取材まで、やりとりは全部自分でしなければなりません。見ず知らずの人に何度も自分で電話を掛け続けなければなりませんでした。

「取材をさせてください」

「あなた、どこの出版社の人？」

「いえ、出版社には勤めていません」

「本は出したことあるの？」

「いえ、出したことはありません」

「じゃあ何で取材に来るの？」

「いえ、これから本を書こうと思っているんです」

考えてみれば、正直に言ったのが良かったのでしょう。断られたことは一度もありませんでした。

そういうやりとりをくりかえして本は出ました。

6ヵ月の間、80人以上もの人々のアポイントを取り、インタビュー取材をしました。

会話が上手になったらいい、苦手を克服したいと考えてもなかなかうまくいきません。けれど、やるしか仕方ない状況に自分から入っていったら、なんとかできるものです。

わたしはこのときの体験で人と話すことが嫌ではなくなりました。

会話の苦手意識を克服する基礎訓練

毎日の取材申し込みの結果、ある程度会話に慣れてきました。しかし、まだまだインタビューすることに対しての苦手意識はなくなったわけではありません。

ライターとして食べていくためには、もっと質問する力、雑談する力をつけなくてはならない。そのための訓練をしようとある日、思いつきました。

月曜から金曜まで午前ふたり午後ふたりに、何がなんでも取材してやろうと決めたのです。もちろん、4人に会えない日もありました。けれどひとりも会えない日はありませんでした(30分以内の短い取材もカウントしました)。

それを3ヵ月以上続けたのです。午前9時と11時、午後2時と4時。機械的に、とにかく取材申し込みの電話を掛け続けました。「機械的に」がポイントです。やらざるをえなくなりますから。

電話の対象は飲食店の料理人、加えて新聞や雑誌の取材に答えていた人たちや実績をあげたビジネスマンでした。ほとんどは初対面の人でした。友人に紹介してもらった人もいます。

とにかく手当たり次第に取材を申し込みました。なぜ料理人にしたのかといえば、店に行けば話をしてくれる人たちだったからです。今のようにグルメライターが大勢いなかったこともあり「取材したい」と言えばOKしてくれました。

当然断られることもありました。

けれど断られた理由は「わたしのことが嫌いだから」ではありません。「忙しいから時間がとれない」でした。このとき「わたしのことを嫌いだから会わない」人はいないんだな、と気づきました。

ふたつの体験からわたしは人と話すことにおびえないようになったのです。

そして、質問する力、雑談する力は数をこなせばレベルは上がっていくと感じました。とくに雑談力は多くの人に会っていると確実にレベルアップします。

雑談は簡単です。前に会った人が話していた内容で自分が面白いと感じた話を次に会う人に紹介すれば、それでいい。それが雑談なのです。

雑談とは「笑う、ほめる、相づちをうつ（共感する）」の法則の他に〝こんな話を聞いたのだけれど〟と伝言することなのです。

話し下手でかつ話すのが苦手な人は、どこかで一度、強制的に人と会う訓練をしたほうがいいでしょう。いろいろな人と会って自分が面白いと感じた話を仕入れる。それを雑談としてほかの人に話す。そのうちに、話し下手は治ります。

「共感のツボ」がわかれば会話の苦手意識はなくなる

前述した川淵さんの「ナイスショットの話」のように、相手をよく観察して、相手が本当に共感してほしいこと、訴えたいことに気づけるようになれば、ベストなタイミングで相づちをうてるようになります。

すると相手は「わかってくれたんですね」と喜んでくれる。相手が喜ぶ顔を見ていると自分の自信にもつながります。そして自信をもてれば会話に対する苦手意識はなくなる。

もちろん何となく話を聞いていたのでは、共感するタイミングはつかめません。観察するのです。

相手が本当に訴えたいことを話すときは、こちらの目を見る力が強くなったり、少し声が大きくなるなど、何らかのサインがあります。そのサインを見逃さないようにすることがポイントです。

そして、サインは人と会う回数をこなしているうちに、自ずとわかってくるものです。けれども人は初めて会う人が怖い。初めてのものを食べるとか、初めての体験をするなど、「初めて」のことにはストレスがかかりますよね。なかでも一番ストレスを感じるのは知らない人に会うことではないでしょうか。さらに言うなら「悪い人」に会うことよりも「知らない人」に会うことのほうが怖いものです。

会話が上手だと言われている営業マンであれ、テレビ番組の有名な司会者であれ、どんな人でも知らない人に会うのは怖いのです。

それでも営業マンや司会者などは、仕事上、初対面の人と会うことが多く、司会者であれば打ち合わせなどでいろいろな人が訪ねてきます。そうして強制的にでもたくさんの人と会って話しているうちに、だんだん相手に何を聞けば喜んでもらえるのか、どのタイミングで相づちをうてばいいのか、コツがわかってくるものなのです。ですから、「共感のツボ」をわかるようになるための近道は、積極的に多くの人と会うことです。

会話では相手にこういう話をしようと考えることよりも「この人が言いたいことを聞こう」「いいタイミングで相づちをうって、共感のツボをつこう」と意識することが、重要なのです。

人と会う回数が多ければ多いほど会話の苦手意識が薄れていくのは、そうやって「共感のツボ」をおさえる成功体験を積んでいくからなのでしょう。

超一流の前では緊張することはない

自分は話し下手だと思っている人のいちばんの弱点は、人に会ったら緊張することではないでしょうか。頭が急に真っ白になってしまうため、話が出てこないことは誰にでもあること。緊張をまったくなくすことはできませんが、少し気が楽になるエピソードをご紹介しましょう。

みなさんがある大物と会うとします。いつも以上に緊張が高まるかもしれません。わたしも昔はそうでした。でも今は違います。実際に大物、超一流と目される人に会ってみると、まったく緊張しませんでした。

超一流の人は相手を緊張させません。なぜなら超一流になるほど相手の肩書きや地位にこだわらないからです。彼らにとってはどういった人でも「自分以外のふつうの人にすぎない」。超一流の人はいばったり、相手を萎縮させようとする必要がないのです。

一方、二流の人物は自分を大きくみせなくてはならない。必要以上にいばって秘書をどなりつけたりする。さらには相手に対して横柄な態度をとる。そんな相手にわたしたちは緊張してしまうのです。

わたしはポール・マッカートニーと高倉健さんに会いました。ふたりとも、笑って、ほめて、共感してくれました。まったく緊張しませんでした。リラックスして向き合ってくれたから、こちらも落ち着いて話すことができたのです。

日本サッカー協会のキャプテンである川淵三郎さんだってそうですし、ユニクロの柳井正さん、ソフトバンクの孫正義さんもそうでした。みんな、人と会う時はリラックスしている。誰に対しても同じ態度なのです。

だから会うチャンスがあれば臆せず、超一流の人と話をするべきでしょう。

むしろ超一流の人に会うことで、会話に対する苦手意識をなくすことができる。自分のなかのひとつの価値にもなるはずです。

「俺はあの人に会ったことがあるんだ」——と。これは自慢のためではありません。あんなすごい人と1時間きちんとしゃべったことがあるんだから、ほかの人で緊張するのはやめよう。そう思えるようになるのです。

わたしは総理大臣経験者にも会ったことがあります。けれど、高倉健さんのときほどの緊張はありませんでした。「総理大臣くらいで緊張したら高倉健さんに悪いな」と思ったからです。

別に正式な仕事でなくてもいいと思います。礼儀作法をふまえた上で、自分から積極的に超一流の人に会い、人と向き合うときの感覚を直《じか》に学んでみてください。

ポール・マッカートニーの「共感のツボ」

わたしは職業柄、いろいろな人物に会ってきました。くりかえしになりますがポール・マッカートニーと高倉健さんもそうでした。

「なぜ会えたのですか?」とよく聞かれるのですが、別にわたしの話がうまいからではありません。相手に「共感」したからだと思います。

会話は劇的にうまくはならない。だけれど、相手に「共感する」ことはきちんと相手の情報を知っていたり、調べていれば誰にでもできることです。

ポール・マッカートニーに取材をしたときの話です。

最初のきっかけは、ファックスで口説いたことでした。その後、通訳もなしでロンドンの事務所へ行きました。通訳を入れなかったのは、その人に払うお金がなかったからです。しかも、わたしの英語力はたいしたものではありません。

自費の取材だったから飛行機もいちばん安いチケットでした。ただし、ホテルはいいところにしました。ポールの取材にあたって秘書から確認の電話が来たとき、安ホテルではまずいと思ったからです。

質問の内容は英語で書いていきました。「ビートルズが日本公演に来たとき、あなたは何をしていましたか。日本についてどう思いましたか?」――。わたしはそれを暗記してほほ笑みながらしゃべっただけです。テープに録音して帰ってきてから、人に頼んで翻訳してもらいました。

わたしが用意していったのは、彼の曲『Ｊｕｎｋ（ジャンク）』についての感想だけです。

その曲はポール・マッカートニーの最初のソロアルバム『マッカートニー』に収録されたバラードナンバーです。アルバムのB面には、伴奏だけが入っているインストゥルメンタルナンバー『Singalong Junk』があります。カラオケみたいなものですね。「『Singalong Junk』、世界で最初のカラオケだと思います」。そう言ったら彼は笑いました。「そう言うこともできる」と。

そして、「『Junk』はいい曲だ」とも言っていました。

結果的にインタビューは成功しました。わたしは彼の曲に共感して、その話をしに行ったのです。ただそれだけでした。何度もくりかえすようですが、共感するためには、相手のことを知らなければなりません。

その上で自分が「ここが気になった」「ここに心が動いた」というものをきちんと相手に伝える。そうすれば相手は心を開いてくれて会話がうまく成り立つのではないでしょうか。

高倉健さんの「共感のツボ」

高倉健さんが光と影の画家と呼ばれるレンブラントの模写（正しくはレンブラント工房が関わった作品）の絵『黄金の兜の男』を持っていることは、作家沢木耕太郎さんから聞いていました。

取材で高倉さんと会ったとき、まず最初にその話をしました。

高倉さんと会う人は、大半が映画専門の取材者、ライターです。映画専門の人はレンブラントの『黄金の兜の男』にはまったく興味がないだろうから、その話題は出てきません。

はるか彼方を見つめる老兵を描いた絵になぜ高倉さんが惹かれたのか。わたしはそこが知りたかった。美術ライターでもあるわたしだけが共感できるポイントです。そこから、高倉さんの取材をするようになり、本（『高倉健インタヴューズ』プレジデント社）にまとめることができたわけです。

くりかえしになりますが、雑談や会話は、その人の話したい「共感のツボ」（共感のポイント）を抜きにしては成り立ちません。

前述したポール・マッカートニーの『Junk』の場合も、高倉さんとの『黄金の兜の男』の話も、高倉さんやポールのことを調べて知ったのではありません。偶然わたしは知っていた。ただし、くわしく調べてから会いに行ったのです。

誰もが同じように相手の共感のツボを探すことはできるはずです。

「その人が誰かに話したいこと」は必ずあります。それを調べてから行けばいいのです。ましてや、世の中に共感のツボはいくつもあります。同じ場所に行ったことがあることも共感のツボのひとつです。それは、食べものでもかまいません。

かつて、銀座の路地に知る人ぞ知る天丼屋「津ゆ木」がありました。天丼だけの店でした。その店の天丼が好きな人は多かった。わたしはインタビューした人との間で銀座の話題が出てきたら「津ゆ木」の話をしました。

「え？　あなたもあそこの店知ってるの？」。それだけで共感できるのです。

共感できる話題とはそんなちょっとしたことなんです。

話が面白い人とは?

「つまらない話をするくらいなら雑談はするな」と先述しました。それでは面白い話をするにはどうすればいいのか。面白い話とは、自分しか知らないことです。面白く話すとは、自分しか知らないことをみんなにわかるように話すことです。難しい話はダメ。面白くはありません。

さて、ここでひとつエピソードを紹介します。

わたしは町の名店を紹介する記事を書くことがあります。その際に掲載するおいしいお店を探すときにやっていることです。

まず、友人知人をA群とB群に分けます。A群は、その人が行く店はいずれもおいしい。おいしい店を教えてくれる人たちです。一方のB群連中が教えてくれる店は高い店です。しかし料理は決しておいしくはない。

わたしは、まずA群の人におすすめの店を挙げてもらいます。

A群が教えてくれた店の中にB群が挙げた店が入っていたら、そこは落とす。そうして残った店に行くことにしています。これで間違いなく、安くておいしい店にたどりつくことができる。

けれども、実際にその店で食事をするときにA群とB群のどちらを誘うかとなれば、圧倒的にB群と行きます。彼らの方が話が面白いからです。

A群はグルメライターや食の評論家として活躍している専門家が多い。一方のB群は、金持ちで、かつ不良です。なかには刑務所に入っていた人もいます。彼らはいろいろな場所を知っていて行動力がある。けれど、実際のところ何をやっているんだかわからないやつらです。周りからは「あいつには会わないほうがいいよ」とさえ言われるような人たち……。

けれども、実際に会ったとき、B群の人は面白いのです。

乱暴な言い方ですが、専門家より、刑務所から出てきたとか、昔は（今も？）ワルかった人の方が面白い話をします。さまざまな環境を経験したからでしょう。

だからといって「刑務所に入れ」とは言いません。しかし、面白い話をするためには自分の生活の幅を思いきって広げてみたり、さまざまな環境を経験することが必要になってくるのではないでしょうか。

専門家になることも必要です。でも、一般の人に専門の話は自ら披露するものではありません。

そして、センスがいいとかマジメな人だから面白い話ができるわけではありません。会社の社長だから面白いわけでもないし、金持ちだから面白いわけでもないのです。生活が面白いから、その人の話は面白いのです。

また、あらゆる環境を経験した人ほど相手のことをよく見て観察しています。なぜなら、刑務所のような環境では相手を知ることが大げさに言えば自分の生死にも関わってくるからです。

そのため話している相手の表情やその場の状況を読み取り、それに合わせてきちんと話題を変える術《すべ》を身につけています。それも「話が面白い」と思わせる秘訣なのでしょう。

彼らは何事にもへこたれない。楽天的です。そこもチャーミングです。

わたしは著名人や市井《しせい》の達人、社長にいたるまで2000人以上に取材をしてきました。その経験から言うと「この人は面白い」と思う人は基本的に明るく、楽天的にしゃべっていました。

面白い話ができるから明るいのではなく、まあ何でもやってみよう、何でも経験だと思って明るく楽天的に生きているから結果的に面白い話ができるようになるのではないでしょうか。

本音で自由に議論する

何かや誰かに気を使って話していては、会話は盛り上がるはずはありません。本音で自由に議論することが話を盛り上げるための前提条件です。そのためには、話す環境がものすごく大切になってきます。

仕事の打ち合わせの場合はとくにそうです。会社の一室で上司が聞いている傍では安心して本音の話などできません。

わたしは人と会うときには、美術館の喫茶コーナーを指定することが多い。平日であればほぼおばさんたちしかいないため、仕事の話をしていても大丈夫だからです。

さらに言えば、社外での打ち合わせの場合、空《す》いている店よりも混んでいる店を選ぶことにしています。あまりにもうるさいお店はさけるべきですが、適度に騒がしいお店は意外と秘密の話をしても聞かれる恐れが少ない。周りも声を張り上げているから、他人の話を聞く余裕などないのです。

相手との会話が楽しめるかどうか、この人と会って話していて楽しいと思われるかどうかは、話の内容はもちろん「どんな場を選んでいるか」にも、実は大きく影響されるのです。

この人とは腹を割って話せるようにしたいと思う相手なら、何を話すかの前に「どこで話すか」もきちんと考えておきましょう。

「真似と独創」をくりかえす

会話を盛り上げる技術を修得するためには、真似と独創をくりかえすことが最短距離でしょう。

真似とは、話のうまい人のしゃべり方をよく観察しコツを盗むこと。そのとき盗むべきポイントは、話の切り出し方とエピソードです。

肝心なのはそっくり真似するのではなく自分の独創を入れる。これを毎回くりかえす。真似するだけでも難しいのに、そこに独創を加えるなんてと思われるかもしれませんが、別にたいしたことをするわけではありません。

例として、わたしが実際にどうやってきたかを紹介しましょう。

日々取材でインタビューする。取材相手がした話で自分がウケた話を次の人にする。これが真似です。

もちろん、取材をしなくともいいのです。仕事の相手とか、同僚、友人など身近な人が話した内容で自分がウケた話を真似することは誰でもできるのではないでしょうか。

では独創とはどうするのか。

同じ話を別の相手にしていくなかで、言い方などをちょっとずつ変えること。それが独創です。話のストーリーを少し変えてもいい。登場人物を増やしてもいい。独創というよりアレンジですが、それでいいのです。

そのうち、面白い話は自分のものになっていきます。

たとえば、主人公を変えたほうがいいなとか、これは実際はなかったけれどあったことにしようとか、この人もいたことにしようといったように変えていくのです。公式な場の大事な話でそれをやるのはダメですが、雑談レベルならトレーニングだと思ってやってみてください。

電車の中で偶然、靴下を左右明らかに別のものを間違って履いている人を見かけたら、自分がしたことにして話してみるとか、そういう罪のない感じで独創してみるのです。自分がウケた話を人にするのが真似で、それをくりかえしているうちにだんだんと独創が入ってくる。

実は技術を習得するにあたっては、文章術でもコミュニケーションでも芸術でも、真似と独創のくりかえしが必要なのです。

ピカソの絵『アビニヨンの娘たち』に描かれている女性たちの表情は、アフリカ部族のマスクの影響を強く受けているとされています（ピカソ自身は否定しています）。実際「あれは真似だ」と非難する人は多い。しかし、よく見ると独創的な表現が入っているのです。

また、長い針金のような人物の彫像で有名になった彫刻家にジャコメッティがいます。こちらもアフリカに同じような彫刻がありますが、アフリカのものとは違います。彼ならではの解釈と独創が入り混じっているからこそ、評価されるのです。

すべての技術は真似と独創のくりかえしで上達していくものなのですね。

自分の「キャラクター」を意識する

自分のキャラクターやしゃべり方も、会話においては重要です。

悪い人よりいい人であったほうがいい。しかし、ひとつだけでいいから人に愛されるような〝大きな欠点〟を持っていたほうが、実は話題にのぼる人物になりうるし、好感を得られます。

必ず遅刻してくるけれど、代わりに何かお土産を持ってくるとか。何か忘れ物をするのだけれど、その代わりにいつも何か買ってくれる――などです。逆に何にも欠点がない人は、意外と話の対象にはなりません。

このキャラクターづくりは作為的にもやれることです。

しゃべり方も重要です。『川淵キャプテンにゴルフを習う』（プレジデント社）にも書きましたが、川淵さんがプロゴルファーを見ていて気がついたのは「プロが打つときはすごく慎重にゆっくりと打つ」ことだそうです。でも「素人は割とすぐに打ってしまう」。

これは会話でも同じことでしょう。お笑いの人のような「話のプロ」は舞台以外の場所では、実はとても慎重にしゃべっています。一方、素人は何も考えずにペラペラしゃべってしまう。

たとえばビートたけしさんはテレビに出たり、漫才をやっているときは速くしゃべりますす。

けれども、実際にたけしさんにお目にかかってインタビューすると、考えながらゆっくりとしゃべる。話のプロだからこそ、自分の口から出る言葉に慎重なのでしょう。われわれ素人が学ぶべきは慎重に話すことです。けっして早口になる必要はありません。

では、慎重に話すとはどういうことなのか。

反応を見ながら、自分が話した内容が相手にしみとおったことを確認する。それから、次の話題へ移るのです。そうすることで相手にしっかり伝わりますし、間がいいとも言われるでしょう。話のプロが対談番組でしゃべっているのを見ると勉強になります。

ヨイショを忘れない

ヨイショは人と人を結びつける会話の潤滑油のようなものです。ヨイショをした人とはより簡単に親しくなれる。こんな便利なものを使わない手はありません。

参考になるのは、日刊ゲンダイで「ヨイショ学」という連載をしていた、せんだみつおさんの技術です。わたしはその連載の取材と構成を担当していました。いくつかポイントをまとめます。

まず知っておきたいのは、ヨイショは決して難しくないこと。

世の中にはヨイショができない、人前で話すのが恥ずかしいという人がいます。しかし、そういう人でも、朝起きたら「おはよう」と言うはずです。どんな人でも挨拶はする。歯をみがく。

それと一緒で、ヨイショは挨拶であり、歯をみがくことと思えばいい。「おはよう」の代わりに「いいスーツを着てますね」と言えばいいだけ。相手が女性ならば、髪形やバッグをほめる。

気のきいたセリフを言わなきゃいけないと思うから、プレッシャーになって言葉が出てこない。内容よりもまず「いいですね」と声をかけることがヨイショです。

慣れないうちは「いいですね」の一言を何度か繰り返すだけでいいでしょう。ほめられて嫌がる人はいません。たった一言でも相手との距離はぐっと縮まります。気のきいたセリフはヨイショに慣れてからでいいのです。

また、仕事の場面においては質問も立派なヨイショになります。折にふれ、得意先の担当者や上司に質問をするといいでしょう。

接待したとき、相手の上司の仕事ぶりに話題が及んで、「すごい」とほめるのは当たり前。だれでもやること。そうではなくて、「あのときの仕事は、どうやって結果を出したんですか？ どうすればいいんですか？」と質問するのです。

相手は話す気マンマンですから、得意げに成功秘話を話し始めるはず。その人は自分の武勇伝を披露できてご満悦ですから、気分がいい。質問はヨイショになるのです。

興に乗ってきた得意先は時には自慢して、もったいぶるかもしれませんが、そうしたら、「部長！　そこを何とか教えていただけませんか？　僕も部長の仕事のやり方を身につけたいので」と畳みかける手もある。そうすれば相手は自尊心がくすぐられて、もっと気持ちよくなります。

接待では質問をすること。これがデキる人のヨイショです。面白い話を披露するより、よほど効果があるでしょう。

ヨイショのネガティブリスト

いいヨイショもあれば、もちろんダメなヨイショもあります。

ダメなヨイショの典型は、他人の言葉を借りてヨイショすること。

「部長、A社の常務が部長のことを、こんなふうに言っていましたよ」

こういうヨイショをする人が意外と多いのですが、よくありません。

なぜかというと、部長がA社の常務をどう思っているかによって、ヨイショにならない恐れがあるのです。その常務を嫌っていたら、「オレはあんなやつにほめられてもちっともうれしくないよ。それより、おまえ、あんな下品な男とつきあっているのか。もう、交際費にハンコは押さない。自分の金で接待しろ」なんて言われかねません。

これと似たようなヨイショで、他人と比較して相手をほめるヨイショがあります。これもやめたほうがいい。

「課長のネクタイ、部長よりもカッコいいです」

部長のセンスが最悪だとしたら、ヨイショになりません。逆に部長のセンスが抜群だと、ただのお世辞になってしまい、「こいつはウソをついてるな」と思われるだけです。

このふたつは、ヨイショのネガティブリストに入れておきましょう。

過剰反応で相手の話を聞く

会話や雑談でわたしたちが欲しているのは相手の反応ではないでしょうか。無反応だと話をする気力が萎えてしまう。

相手の反応ということで言えば、かつて静岡県の浜松はストリップの先進地区だったそうです。

そこではストリップの踊り子を盛り上げるためにあるエチケットがありました。

作家の山口瞳さんが次のように言っています。

「浜松はストリップの発祥地みたいなとこなんでしょう？（略）ひとつの踊りが終って、最前列が空くと客席を乗り越えるという感じで……。これがエチケットなんだって」

踊り子が裸になった途端に、お客さんは座席を乗り越えて前に行こうとする。そうして過剰反応して盛り上げるからこそ、踊り子はさらにハッスルしてがんばる。観客の誰もが「がんばる雰囲気をつくってあげる」のが、エチケットになっていたのです。

これは会話においても同じです。話に過剰反応することで相手は盛り上がり、気持ちが高揚して、話はどんどん面白くなっていくものです。

放送作家出身でコメンテーターのテリー伊藤さんは、会話における反応について次のように語っていました。

「キャッチャーミットの芯を抜いて『パーン！』と音をさせて捕球するのと同じぐらい、『おおっ！』と驚きながら『いい話ですね！』っていうぐらいのことをしないと、相手には伝わらない。明石家さんまさんは、音をさせて捕球する名手です」

これこそ、会話の過剰反応であり、プロの技です。

会話の場数を踏む方法

雑談上手になるためには、何より場数を踏むことが必要ではないでしょうか。

以前わたしが午前ふたり、午後ふたりに取材していたように、人と直接会わなければ話は上手になりません。そのためにはお金を使うことも必要でしょう。

ゲイバーやキャバクラ、クラブに勤めているのはまさに雑談で食べているプロたちです。こと雑談に関してはプロフェッショナルですから、一度は行ってみるといい。どうせだったらナンバーワンの人を指名して、どういうふうに雑談しているのか研究するべきです。

赤坂には老舗のゲイバー「ニューはる」があります。

そこに、三島由紀夫の親友というか恋人だったママ、おはるさん（原田啓二さん）がいます。ニューはるにはずいぶんと通いました。おはるさんの会話の反射神経にいたく感動したからです。

おはるさんに聞いたことがあります。彼女がいろいろな国の男とつきあっていたときの話です。

「大体、何ヵ国ぐらいの人とつきあったのですかね？」と聞いたら「そうねえ1、2、3、4、あっ、そうそう108ヵ国よ」

「ふむ？」

「108ヵ国――ひゃくはち、しゃくはち、尺八そう、尺八ヵ国なのおほほ」

ニューはるではこういう会話が続きます。会話の反射神経が鍛えられるのは当然のことでしょう。

お金を使うのはイヤだという人は、タクシーの運転手さんや商店街のおじさんやおばさんと話をしてみること。

スーパーではなく、あえて地元の商店街へ行く。魚屋さん、肉屋さんで買い物をする。店主と話をする。あるいは、散歩中に近所の人に挨拶してから立ち話をする。手段はいくらでもあります。

わたしは魚屋のおじさんや子どもが通っている保育園の園長先生と話します。ママ友とも話します。全然、苦ではないし「話題っていろいろあるもんだな」と思ってしまう。人とふれあわなくては会話はできません。そうして雑談に慣れてくると「話がうまい人の特徴」も自ずとわかってくるものです。

あとは、ひとりで旅行すること。海外でも国内でもいいでしょう。ひとりで旅行をすると当然、知らない人と会います。このときに自分の雑談力が通用するかどうかがわかるものです。

そうした武者修行の場でも、雑談に自信のない人はとりあえず「笑う、ほめる、相づちをうつ（共感する）」を駆使すること。特に自分が行ったことのないフィールドでは、この三つが重要だと思います。

■チェックリスト

□機械的に人と会って場数を踏むことを訓練にする
□相手の「共感のツボ」を見つける
□自分がウケた話を次の相手にしてみる
□真似と独創をセットでやり続ける
□反応のいい人を見て学ぶ

第3章　会話における七つの基本

会話の基本1 キャバクラ3カ条を忘れない

「笑う、ほめる、相づちをうつ（共感する）」。

何度もくりかえしますが、これはどんな場面でも使えるテッパンの法則です。なぜ、くどいほど言うのか。無意識レベルでの会話や雑談の悪いクセ（独りよがりでしゃべるなど）に流されないようにするためです。

会話の基本2 つかみを大事にする

楽天の会長兼社長の三木谷浩史さんにインタビューしたとき、次のような話をしていました。

「スピーチで私が意識しているのは英語で言うアイスブレーカー、関西弁で言うと、つかみってやつです。相手の金玉をぐっと握るために必要です」

雑談でもスピーチでも、まずは相手の金玉を握ること——つかみが大切なのです。

つかみは、英語でアイスブレーカーと言います。

〝氷を砕く〟意味から転じて〝氷のように冷たい場の雰囲気を砕く＝場を打ち解けさせる〟となり、ビジネスにおいて最初に場を和ませる話題＝つかみのことを指すようになりました。

話し始めて少したってから、くだけた話や「おやっ！」と驚くような話をしてもダメでしょう。冒頭からずっと真面目に硬く話していたのに、急に冗談を連発しはじめたら相手は動揺して不審に思います。会話は最初に相手の金玉をぐっと握る。それが肝心なのです。

会話の基本3　記憶力を磨く

なぜ記憶力を磨くのか？　それは、相手に共感するため。

2度目、3度目に会うとき、「この前お目にかかったとき、たしかこんな話をされてましたね。印象的で忘れられません」と伝えるのです。相手は必ず共感してくれます。

「あなたの言ったことを覚えていますよ」と意思表示するためには記憶力が必要です。

反対に、絶対に言ってはいけないのは「えーと、どちらさまでしたっけ？」……。

「おまえなんか知らないよ」と言っているのと同じことですから、言われた相手は頭にきます。もし、相手のことが誰だかわからなくても、そのまま話をしながら、思い出すようにする。すぐには思い出せなくても、会ったことがある相手なら会話のなかで自然に名前を思い出すキーワードが出てくるものです。

では、記憶力をつけるためにはどうしたらいいのでしょうか。

相手にどんどん質問することです。

人間は相手が話した内容より、自分が質問したことの答えを覚えているものです。学校の授業でもただ黙って聞いているだけでは眠くなるし、記憶にも残りにくい。けれども、自分の興味に引っかかったことを質問したときの先生の答えは忘れません。

だからこそ、ビジネスの場面ではできる限り相手に質問しようとするべきです。その積み重ねが記憶力を磨き、共感への第一歩となります。

会話の基本4 心を込める

雑談なんだから何も考えずにしゃべればいいんだよ。そう言う人がいます。

ほんとうにそうでしょうか?

雑談こそ、心がこもっていなくては相手に伝わりません。本書で紹介している人物は、誰もが雑談のときには心を込めていました。

多少言葉はぞんざいでもいい。相手に「あなたに会えてうれしい」感じが伝わるように心を込めるのです。ここでもまた共感が必要になってきます。

とくに相手に何かお願いしたり、こちらの落ち度を謝罪する場面では、心がこもっていないと「あ、こいつは口だけだな」とすぐにバレてしまう。口ごもりながらでいいのです。汗をかきながらでもいい。とにかく懸命にしゃべる。心底から力演することです。

アナウンサーのようにいい声で流れるようにしゃべったとしても、それだけでは「誠意がないやつ」だと思われてしまいます。

会話の基本5 ノッているときはがんがんしゃべる

体調がよかったり、何かいいことがあって気分がノッている日の雑談は〝間〟をあけずにしゃべったほうがいいでしょう。気分が昂揚《こうよう》しているときは、どんな話をしても面白く聞こえるもの。それこそ話題はなんでもいい。相手に自分の喜びや楽しさを伝えるのです。

ビートたけしさんは会話の〝間〟について次のように言っています。

「番組の司会をおいらが自分でしているときは、とりあえず何か言って、できるだけ〝間〟を空けないようにしている。聞いている方が我に返らないように、なるべく〝間〟を空けない。

歌舞伎町のホストもそうだろ。〝間〟を空けない。〝間〟を空けて、客が『そう言えば借金が……』なんて我に返っちゃったら、商売にならない。『パーッと行きましょう！』って言い続ければよくて、『そういえば、旦那さんの会社はうまく行っていますか？』なんて、訊く間抜けもいない。ジャンジャン話をして〝間〟を埋めていって、気持ちよくさせて何十万円もするシャンパンとか注文させるのが基本だからね」

会話の達人はノッているときに間を空けないで話す。喜びを伝えることに専念しているのです。

会話の基本6 本当のほめ言葉を使う

相手をほめるときには、品の良さを指摘するのがポイントです。

とくに女性に対して直接本人にきれいですねとはなかなか言えません。品が良いですねとも言いづらいから品が良いものを持っていますねと表現する。

良いもの持っていますねより、品が良いものですねのほうが相手は嬉しいものです。「これ、品が良いですね、わたしも欲しい」——と。ただし、品が良いと思えないものについてはほめることはありません。

頭がいい、美人、背が高い、いずれも口に出したからといってそのまま受けとる人はいません。おべっかやゴマすりと受け取られることが多い。何でもかんでもほめればいいものではありません。

サービスコンクールの世界大会において、日本人で初めて優勝した「世界一のサービスマン」宮崎辰《しん》さんは、著書の中で次のように語っています。ちなみに宮崎さんは東京・恵比寿の三ツ星フレンチレストラン『ジョエル・ロブション』で高級フレンチレストランの顔とも言えるメートル・ドテル（給仕長）をしています。

「知らない話題に無理やりついていく必要はありません。（略）
本当に、お互いの波長が合う話題で会話をすることが、結局、一番お客様に喜んでいただけるのです」

また、相手をほめるときの作法について、小笠原流礼法の宗家、小笠原敬承斎《けいしょうさい》さんは著書の中で次のように語っていました。

「相手を褒めるとき、こころから発することばでなければ意味がない。褒めことばとはいうものの、気持ちの込められていないことばは、相手のこころに届くはずもないのである」

ほめるときに「嘘の」ほめ言葉を使わないとふたりは言っています。

口先だけで相手をほめる言葉は逆に相手に失礼になるからです。相手が会話や雑談の達人であれば、なおさらそうした「口先だけ」の言葉は見破られるのです。

会話の基本7 知識の引き出しを増やす

会話を楽しむためには「知識の引き出し」を増やすことです。そのためには、やはり本を読んだり、ひとりで旅行する。いろいろな人と出会い、出会いのなかから話題を見つけるようにする……。

そうして話題を増やしていけば、「共感のツボ」の見つけ方がわかってくる。より心を通わせることができるようになるでしょう。

元・外務省主任分析官である佐藤優《まさる》さんは著書のなかで、「知識の引き出しを増やすと、同じ趣味を持つ人と興味深い会話ができる」と語っています。

佐藤優さんは、ジャンルを問わずさまざまな分野の偉才と対談をして、その中から新たな知のエッセンスを生み出しています。そうした活動ができるのも、佐藤さん自身のもともとの魅力、知識だけでなく、引き出しを増やしてきたからなのでしょう。

会話の妙技を身につけることも、もちろん大切。ですが、知識を増やすことから始めたほうがいいと思います。

■チェックリスト

- □会話が走り出す前に「つかみ」を忘れない
- □相手に質問することでその答えを記憶する
- □心を込めてほめる
- □下手に間を空けずにしゃべる
- □会話のテクニックを身につけるより知識を増やす

第4章　「雑談」七つのNG

雑談のNG 1 専門家、評論家、学者になること

わたしは美術ライターです。美術についてはある程度はわかっている。また、ビートルズのことも本を書いたくらいだから、ポップミュージックについても勉強しました。取材して本を書いた高倉健さんのことも当時の芸能界についても知っています。

しかし、フェンシングのことは何にも知りません。アメリカンフットボールはルールすらわかりません。そして宇宙の話についてはまったく関心がありません——。

つまり、どんな人でも、よく知っている分野と知らない分野があるのです。関心がある分野とない分野があるのです。それが人間です。

わたしは雑談のときに自分がよく知っている分野の話はしません。美術のような専門的な話は、ふつうの人にはわからないし興味がないだろうからしないのです。興味がないことを話されても、相手はただポカンとするしかない……。知識をしゃべることが雑談だと勘違いしている人がいますが、相手は自分が関心のない専門的な話は聞きたくないのです。

仕事がら専門知識のある人と雑談をする機会も多いですが、うっとうしい人は自分の知識ばかりをさかんにしゃべりたがります。

よく見ていると、自分がくわしいジャンルの話をする人は、学校の先生が生徒に教えるように話します。上から目線なのです。だから嫌われる。

逆に、話が上手な人は自分があまり知らないことを相手と一緒にしゃべります。

ラグビーの話題であれば、

「ラグビーのルールって難しいんですよね?」

「自分がわかるのは五郎丸のあのポーズぐらいで」——といった感じです。自分が話題になっている分野についてくわしくないことを素直に伝えて「へぇ、そうなんですね」と相手から教えてもらいつつ共感する。それだけでお互いに気持ちのいい雑談になるのです。

また、相手のことを評価したり、相手が気に入っているものを評論するような雑談もよくありません。

「あの店に行った」と相手が話したとします。間髪をいれずに「あそこはこうなんだよな」とか「たいしたことないよね」などと言う人がいます。

聞いた人はイヤな気分になります。相手をしらけさせるしゃべり方ではないでしょうか。

〝学者〟になることの危険性について作家の山口瞳さんは次のように語っています。

「会社には何人かの〝学者〟がいる。困った学者たちをすぐに発見できると思う。彼らは一家言をもっている。しかし、決して実行をしないのである。考えてもみたまえ、会社員の半分が学者・評論家になってしまったら、会社は動かなくなってしまう。ワケシリになるな。ワケシリは他人のやったことを批評することはできるが、自分でプランをたて、それを実行することができないのだ」

どうでしょう。みなさんの身の回りにも思い当たる人がいるのでは……。

雑談のNG2 愚痴や悪口を言うこと

雑談だから何を言ってもいいということはありません。とくに勤めている会社や自分の家族について、愚痴や悪口を言うのはやめたほうがいいと思います。それなのに、ついつい「うちのやつがひどくて……」と、言う人がいます。

自分が許せない上司について愚痴っても、聞かされた相手は「ひどいんですね、御社は……」くらいしか、返事できません。それに、もし一緒になって批判したとしましょう。その一言が回りまわって自分の首をしめないともかぎらないのです。

自分の会社の愚痴を外部で話しても相手に尊敬されることはありません。「よっぽど変な会社にいるんだな……」と思われるだけです。たとえ会社を辞めたあとでも、これは変わりません。

マッキンゼー、アップルに勤め、これまで3万人にキャリア研修を行ってきた、小杉俊哉さんはこう言っています。

「リファレンス・チェックという言葉を聞いたことがあるだろうか？

あなたが転職するときに相手企業は、あなたの前職、前々職の評判を元同僚、取引先に参照（リファレンス）するのだ。元人事の私がいうのだから間違いない。

だから、もう関係が切れるからと言って、会社や会社のお世話になった人たちに対して自分の価値を貶めるような行為をしてはいけない。

あなたが残した汚点は本人が思っている以上に早く、そして広範囲に広がり、人材市場においてあなたのブランド価値が失墜するのだ」

まさに口は災いの元となります。会社を辞めたあとでも悪口を言ってはいけません。

雑談のNG 3 人によって言葉遣いを変えること

自分よりも立場が上の人にはよく見られようとこびへつらうくせに、部下や年下には偉そうな人がいます。そういう人は相手によって言葉遣いまで変わっている。おそらく無意識でしょうけれど、相手には伝わっています。

会社の社長相手だと「ははーっ」と下手にでて、出入りの業者には「何だ、おまえは、早くどっかへ行け」といった態度はダメです。文句を言える立場の人にエラそうな物言いをする人は誰に対しても敬意を払っていないのです。

相手が誰であっても言葉遣いや対応は同じようにする。それが原則です。見ていると若いときは自然にそうなっている人が多い。なぜなら、自分が上からものを言う機会が少ないからです。

ところが、年齢を重ねると途端にエラそうになってしまう。とくに中間管理職に多いのではないでしょうか。

気をつけなくてはいけません。

雑談のNG4 シャウトすること

俺の話を聞けとばかりに周囲を制するほどの大きな声でしゃべったり、ものすごい勢いで決意を表明するのもやめたほうがいい。

その場は自分に視線が集中しているように思えるかもしれません。しかし、聞いている相手は「なぜこの人は威圧的なんだろう」とか「痛々しい」と感じています。

聞いている人が嫌がるような話し方をすると、肝心の中身は伝わりません。相手にしみとおるような低いつぶやきでいいのです。

セブン‐イレブンの朝礼を取材したときの話です。

会長（当時）の鈴木敏文さんが登場して話し始めました。とても静かなしゃべり方ではありますが、彼がしゃべるのは事実だけです。仕事への取り組み方について酷評もするけれど、淡々と話しているためか、社員もいじめられている感じはしません。

だから人を叱るときでもあえて、大声を出したり、相手が傷つくような言葉は使わないほうがいい。怒声をあげるのでなく、「私は不満だ」と伝えるのです。

ケンカではありません。「こういうことは困ります」と話す。事実の持つ重みだけでじゅうぶん相手に伝わるのですから。

雑談のNG５　メモを持ちながら話すこと

わたしは取材のときに、質問する内容をメモして持っていくことはしていません。

このことをお話しするとみなさん意外に思われるようですが、メモをしなければ忘れてしまうようなことは質問しません。自分が忘れてしまうような質問をしても相手は熱心に答えてくれないのです。

また、相手が話した言葉もメモしません。録音していいます。いちいちメモしていては質問のタイミングを逃すことになりますし、相手が警戒してしまう。また、話を録る時は、必ず「録音してもいいですか」とことわってICレコーダーをまわすこと。

打ち合わせや商談の際、相手の情報や自分が話すことについて書いたメモは持って行ってもいい。しかし、手には持たないほうがいいでしょう。菅直人元首相が中国の胡錦濤前主席に会ったときのことを覚えていますか。菅さんは手にバインダーを持ち、メモを見ながら外交交渉をしていました。

胡錦濤氏はその様子を軽蔑した顔で眺めていました。「日本の総理大臣ってのはたいしたことないな。これぐらいのことも頭に入らないのか」そう思っていたに違いありません。

雑談のNG6 相手の話した内容を聞き返すこと

もし相手が話した言葉が聞きとれなかったとしても、初回はとりあえずわかったふりをして話を前に進めるべきです。

「えっ？」「何でしたっけ？」「もう1回言ってください」などは気をつけて使う必要のある言葉です。この言葉を3回くりかえしたら、必ずケンカになります。聞き返すのはNGだと思ってください。

インタビューや取材では仕方がないこともあります。しかし、雑談で何かを聞き返すのは場をしらけさせてしまうだけ。

雑談は〝流れ〟が大事です。それに尋問ではないのですから、少しぐらい相手の言ったことがあいまいでも問題ありません。それよりも相手が気持ちよく話してくれて、こちらがときどき心から共感することのほうがよほど大事です。

雑談のNG 7 次の予定を気にすること

もし、会話をしている相手がうわの空で、時計をちらちら見たり、そわそわ落ち着かない感じだったらどう思いますか？

山口瞳さんは、次の予定を気にする芸者についてこう語っています。

「最近は、芸者もひどいですね。宴会で楽しく話しているのに、『茶蕎麦ですか、海苔《のり》茶ですか』とか、『お供（帰りの車）は、もう参っていますから』とか、せきたてる。それまで一緒に飲んでたくせに、ピタッとやめてね。次の座敷があるもんだから、急に態度を変える。あれは悲しいですね」

これはビジネスの場面でも一緒です。たとえ次の仕事の予定があっても態度に出してはいけません。

閉店時間が近づくと、調味料を詰め替えるためにテーブルから持っていってしまうラーメン屋があります。「早く出ていけ」と言わんばかりで、すごく悲しい。相手をせき立てるのはそれと一緒なのです。

途中までうまく進んだ仕事の打ち合わせであっても、相手は不快になり、商談の結果が変わってしまうかもしれません。

■チェックリスト

□自分の知識をひけらかすような話をしない
□愚痴や悪口をつい混ぜ込まない
□相手によって話し方を変えない
□話を聞き返して流れをさえぎらない
□時間を気にするような態度をとらない

第5章　ビジネス想定会話術

初対面の人と話すとき

初対面の人と話すときは相手が誰であってもとても緊張します。

逆に言えば、相手もやはり同じように緊張しているわけです。だからこそ相手に不信感を抱かせてはいけません。「変な人だな」と思わせるようなおかしな格好で会いに行ってはいけないのです。

ビジネスであればやはりスーツを着ていく。ネクタイも吟味していく。ミッキーマウスやドナルドダックのついたネクタイをしてはいけない。そうして間違っても派手なシャツは着ないこと。白いシャツを着ていく。礼儀正しい服装を心がけることです。

礼儀を守ることは、相手を安心させることにつながります。要するに、「あなたに会いに来た私は変な人間ではありません」と、宣言することなのです。

ですから、持ち物も流行の最先端のもの、高級なものを持っていく必要はありません。これみよがしにエルメスやルイ・ヴィトンのバッグを持っていくのはビジネスマンとしておかしい。自分のセンスを主張することは初対面の人には、まったく必要ありません。

相手が「ふつうの人である」と感じればそれで十分。あなた自身の個性は服やモノで表わすのではなく、相手が共感できる気持ちのいい会話で表わせばいいのです。

打ち合わせで話すとき

ビジネスの場面で初対面の人と話すのは、仕事の打ち合わせがいちばん多いのではないでしょうか。

そこでも、まずはビジネスマナーを守ることが最優先。約束の時間に遅れないことは当然ですが、会ったら自分の方から挨拶して「今日はお時間をいただきありがとうございます」といった感謝の気持ちを表明する。これだけでかなり印象が違います。

初対面であれば、雑談はそこそこにしてさっと本題に入っていくほうが余計な緊張をしなくて済むと思います。

何度か会っている人との打ち合わせでも基本は同じです。気心が知れた仲でも、ビジネスの場であれば冒頭の雑談はなくていい。すぐ用件に入るくせをつけておきたいものです。

なぜなら相手がどのくらい忙しいかがわからないからです。気心が知れた仲であっても「今日は忙しいので手短にしてください」とは、言わないでしょう。

雑談するとしたら、相手の様子を見て時間の余裕がありそうなときです。リラックスしていろいろ話をすればいい。

難しく考える必要はありません。天気の話でいいのです。といっても、よく言われるようにただ「今日は天気がいいですね」などと、そのときの天気の状態を話すのではありません。

雑談における天気の話で参考になるのは、カツサンドで有名な「まい泉」の店長（2013年当時）、山崎明希子さんの話です。

山崎さんは食品売り場の激戦区、日本橋三越のデパ地下で猛烈な売り上げをあげた店長であり「デパ地下の女王」と呼ばれた販売員です。

デパ地下では一流の店舗がしのぎを削っています。

だからこそ各社ともにエキスパートを送り込んできているので、売上成績がいいのは当たり前。贔屓《ひいき》の客をもつ人も少なくありません。

山崎さんはその丸い顔から、贔屓のお客さんに「ピーチちゃん」とニックネームをつけられるほどかわいがられていました。よほどの親和力がないとニックネームをつけられるようにはなりません。

その山崎さんに取材をしたとき、彼女が販売するときに行う雑談は、天気の話だけだと言っていました。

しかし、「今日は晴れてますね」とか「今日は曇ってますね」ではありません。感想ではない。

雨が降っていたら「お足元の悪い日にありがとうございます」と言う。天気にかこつけてお客さんに感謝しているわけです。感謝をされて嫌な気分になる人はいません。むしろ最初から相手に好印象を抱かせることができるわけです。晴れていたら、「いい天気ですね。わざわざありがとうございます」とこれも感謝する。とにかく感謝です。

そして、ビジネスの打ち合わせの場面でも同じことなのです。

雨が降っていれば「お足元の悪い日にありがとうございます」。自分と会ってくれたことに感謝する。晴れていても「こんないいお天気なのに、わざわざすみません」と言う。「こんなに時間を割いていただいてありがとうございます」――と。

天気の話ですけれど、時間を割いてくれたことに感謝するのが打ち合わせの場での雑談なのです。一言言えばもう十分。相手に「この人は感謝してくれているんだな」と伝わればそれでいいのです。

天気の話（感謝の話）が終わったらすぐ用件に入ること。それ以上の余計な話は必要ありません。相手から何か聞かれたら話をすればいいだけです。

相手も忙しい。こちらから率先して早く打ち合わせを終え、早く帰って仕事を片づける。これが打ち合わせで話す場合の雑談のポイントではないでしょうか。

仕事の依頼をするために会うとき

初めての人に仕事を依頼するために会う場合。話をどう切り出せばいいか誰もが悩みます。そこで意識しておくのが「安心感」です。

仕事の依頼をされることは、相手にとっては嫌なことではない。

ただ、心配になるのは、きちんとお金を払ってくれるのかどうかです。

上場企業が依頼者ならまず心配はしません。なぜ大手の会社の仕事は決まりやすいのか。お金をきちんと払ってくれるイメージ、安心感があるからです。問題は自分が属しているのが小さな会社、もしくは新興の企業であった場合です。相手は不安です。「どういう会社（組織）」なのかを知りたいのです。

そこで「自分はこういう会社の人間です」とはっきり伝える。

ただし、「大丈夫です。お金はちゃんと払いますよ」と直接言うことはありません。

基本的には仕事の依頼でアポイントメントを取ったときに、手紙やメールで社名などを書いておく。そうすれば相手は検索して確認できます。

その上で会ったときに、自分の会社はこういうことをやっていて、一応自分はこういう人間です、と伝えること。

自分は大手の有名な会社だからと、おざなりにしていると「名の通った会社なのにこんなにいい加減なのか」と逆に不信感を持たれてしまう。

自己紹介は大切です。そして自分の会社について話すことも同じように大切なのです。相手に「なるほど誠実そうな人だな」「お金も多分払ってくれるだろう。万が一払ってくれなくてもこの人ならしょうがないな」と思ってもらえたら成功なのです。トータルの印象として「こういう相手だから一緒に仕事しても大丈夫そうだな」と相手に思ってもらうこと。仕事の依頼で会うときのすべての会話は、そのためだということを忘れないようにしておきましょう。

営業としてセールスで会うとき

営業、セールスで人と会うときの会話のポイントはどこにあるのか。参考になるのはトップセールスと称される人たちです。

「飛び込み営業でベンツを日本一売る男」と言われた伝説の営業マン、河野敬《たかし》さんがいます。

河野さんは輸入車販売の「ヤナセ」でこれまでに一番ベンツを売った人であり、その販売数は19年間で1530台にのぼります。ベンツは、1台300万〜1000万超えもする高級車ですから、その数字のすごさがわかるというもの。

そんな輸入車セールスの世界で神の領域に達した河野さんの営業会話のポイントを、アレンジしてお伝えしましょう。

まず一つめは、お客さんに「これを買ってください」と言うのではなくて「お客さんから教えてもらう気持ちで接すること」です。

たとえば、ベンツを売っている人間よりも毎日ベンツに乗っているお客さんの方が実際の乗り心地についてはくわしいものです。

それはどんな商品やサービスでも一緒で、洋服でも何でもお客さんの方がくわしいのです。このスーツはここがいいなども、売っている側よりも毎日着ているお客さん側のほうがよくわかっているものです。

そういうお客さんに会ったときに、上から目線でいろいろ言うのは逆効果です。今持っているものはどうですか、着心地はどうですか、などと聞きましょう。

たとえ持っているものが他社の商品であっても、それについてまず教えてもらうようなつもりで話をする。

相手は教えるように話しているうちに気分がよくなってくる。するとお互いの距離が近づくので販売に有利になる。逆に知ったかぶりをすると敬遠されてしまいます。

二つめは、営業する上で一番大切だと河野さんが言っていたことです。

それは、たとえどんなお客さんでも嫌な人だと思わない。お客さんを評価しないこと。「大酒飲みで人の好き嫌いが激しそう」「派手な格好をしていてめんどくさそうな人だ」など、売れないセールスマンほど相手を見かけで判断して、勝手な評価を下してしまうものです。

お客さんが自分の好みではない格好をしていたり、気にくわない雰囲気の人だったとしても、苦手な人だと思ってはいけません。ダメな人だと思ってもいけません。服装や態度はその人なりの理屈や信念があってのこと。反発しても意味がない。嫌だと思っている気持ちは表情や仕草で相手に伝わってしまうものなのです。

営業は自分の常識や正義を主張することではありません。商品を買ってもらうことです。好き嫌いの感情に振り回されて自分が損をしないようにしなければなりません。

三つめは、小さな約束でも守ること。

お客さんと話しているうちに、たとえば「新しいカレンダーを持ってきますよ」とか、話が盛り上がってくると「今度、呑みに行きましょう」など小さな約束をすることがあります。この約束を忘れないことです。

相手も本当は呑みたいわけではなく、カレンダーも欲しくないかもしれない。それでも、会話に出てきた約束は必ず守る。どうせ忘れているだろうなどとは思わないようにしましょう。

実際、小さな約束ほど案外相手は覚えていたりするものです。カレンダーをあげなかったからといって怒りはしなくても、「この人は口だけの人だな」とマイナスの印象を持たれてしまっては損です。

小さな約束ほど大事にして守る。これを続けることが相手から信用を得るために必要です。

四つめは、熱意を伝えること。

今の時代、熱意というあつくるしい言葉は敬遠されるかもしれません。

しかし「これはいいものなんだ」「絶対に損はさせない」という熱意を持って話さなければ、商品を買ってくれるはずはありません。

相手も真剣です。売る側が口先だけなのか本気なのかすぐにわかります。

自分はこの商品についてはここがいいと思っている、すでに買っている人はこういうふうに使っているなど、伝えたい情報をいくつ持っているかも重要です。その情報を話すときには、熱意を持って必死に話すのです。

ただし、俺は専門家だというふうに上から目線にならないように気をつける。

五つめは、私生活に立ち入らないこと。

仕事上の付き合いが深まるにつれて、ゴルフや食事に出かけたり、私生活でもお客さんと付き合うことがあります。

そうしたプライベートの場でも、話題は仕事に関するものだけにする。これは、河野さんのように桁外れに売る営業マンほど徹底しています。

自動車のセールスマンなら、車の性能や特徴、ドライブの楽しさ、整備についてなど、車に関する話だけをする。それがプロです。

だからこそ相手から、「何かあってもこの人ならなんとかしてくれそうだ。次もこの人から買おう」と思われるのです。

「お子さん立派ですね」「いい趣味をお持ちですね」など私生活へ立ち入った会話はどうしてもお世辞を言う流れになりがちです。お世辞は相手の心を動かしません。それよりも、仕事の話を必死にしたほうが役立つし、何倍も効果があるものです。

ショールームでただ口を開けて待っているだけではない。飛び込み営業で会話術を身につけた、「攻撃して売る営業マン」である河野さんの話を、ぜひ参考にしてください。

営業トークについて

営業トークにおいて参考にしていただきたいのは、わたしがアサヒビールの支店に取材に行ったときの話です。

その支店では朝礼で「トーク磨き」をやっていました。セールストークがうまくなるために朝礼で従業員に新商品をアピールさせるのです。そこで支店長が言っていたのは、

「うまい言葉を使うよりも、商品のアピールポイントをしゃべれ」ということ。

当然「新製品です！」とただ言うだけではダメです。これまでになかった新製品だということをアピールしろと言っていました。「これまでの商品になかった点は、ここと、ここと、ここです！」と伝えるのです。

当時はコクの強い新しいビールが出たばかりでした。そのとき支店長が若手セールスマンに朝礼で「どういうふうに説明しているの？」と聞いてみたところ、「ヱビスビールみたいなコクがあるビールです」と答えてきたのです。

支店長は「お前、何を考えているんだ」と若手社員を叱りました。「そんなことを言ったらお客さんはアサヒでなく、ヱビスを買うだろう。そんなセールストークはダメだ」

支店長の言う通りで、「これまでにない新製品でこういう製法でコクを追加したので色が」……などとその商品の特徴を言わなければ、自社の製品の話ではなくなってしまいます。

ビジネスマンの場合、やはりトークの主戦場は商談や打ち合わせ、プレゼンです。うまいことを言うより、相手がメリットを感じるようなトークを磨く。

ビジネスの場で相手が聞きたいのは自分にメリットのある話です。巧みな営業トークより、まずは相手にメリットのあることを熱意を持ってしゃべるのがいちばん重要です。

その上で「こういうことをこういうふうに言ってこんな効果があった」という先輩の話からトーク術を学ぶのがより実践的だと思います。

クレームをつけるとき

当たり前のことですが、クレームをつけるときは誰もが怒っています。

たとえば、飲食店でオーダーしたものがなかなか運ばれてこない。「お待ちください」と言われ、散々待ったあげく結局オーダーが通っていなかったとき……あるいは買ってきた服に「Mサイズ」と表示されていたのに、着てみたらものすごく小さくて、実際は「Sサイズ」だったときなど……。

何か許せないことがあったからクレームをつけるわけです。だから、ついつい大きな声を出したり、感情的に話をしてしまう。

けれど、クレームも会話のひとつと考えれば、それでいいわけではない。大きな声を出しても問題の解決にはなりません。

目的は怒りをぶつけることではなく、問題が起きている状況を解決してもらうことです。相手を非難することは言わないほうが賢明でしょう。

「ふざけるな、このバカ！」みたいに言えば向こうも感情的になり、問題解決どころではなくなってしまいます。

では、クレームで上手に問題を解決するためにはどうすればいいか。

素直に疑問点を問いかけることです。

どうしてこの服は「S」なのに、表示は「M」なんですか？　買って着てみたら実際は「S」だったけれど、いったいどうやったらそうなるんですか？　と淡々と疑問を口にするのです。

オーダーで待たされた場合も、さっきから30分も待っていて全然運ばれてこないけれど、どうしてなんですか？　理由を調べてもらえますか？　と素直に聞く。そうしたら相手は答えざるをえません。

ただし、その場ですぐに答えられない疑問も、もちろんあります。そういう場合には、いつまでに教えていただけますか？　と聞くこと。回答の期限を切るのです。

これは自分がクレームを受けたときも同じ。なぜそうなったのか、今後どう対応するのかを伝えるようにすればいい。

相手が目の前にいる場合はこの方法でいいと思います。難しいのはクレーマーへの電話対応です。相手の表情が読み取れないので、どれくらい怒っているのかわかりにくい。相手の気持ちをほぐすような冗談もなかなか言えないものです。

その場合は、話が長くなってきたら「すぐ行きます」と会いに行ったほうがいい。直接会いに行くことで、相手も「誠意を見せてくれた」と気分が少し落ち着くはずです。

大物と話すとき

社長や役員など、肩書きが立派な大物と会うとき、自然体で会話できる人はまれでしょう。とくに自分の方がキャリアや年齢が下だと意識すると、百戦錬磨の相手を前に萎縮してしまいがちです。

その場合は会話の内容以前に大物から嫌われないようにふるまうこと。

では、どういう姿勢で臨めばいいのか――これは初対面の人に会うときとほぼ一緒です。

いかなる大物であっても同じ人間です。様子がおかしい変わった服装をしている人は怖いものです。

大物が様子がおかしい人に会わないのは、経験上身につけた防衛意識によるものでしょう。普段からさまざまな人に会っていると、怪しい人物を察知する能力が身につくのです。変な人のにおいを嗅ぎつけることができるようになる。

ですから、ド派手な服装で会いに行くと、それだけで嫌がられます。

奇をてらわず、誰もが着ているような無難なスーツを着ていくこと。きちんと散髪して、爪も切っておきます。

また、靴が汚れているとそれだけでマイナスの印象を与えてしまいます。人と話しているときはわりと足元に視線が行くものです。きれいに磨いた、いい靴を履く。ベルトと靴下と靴の色を合わせておけば、それだけで常識的な人間であると安心感を与えられます。

体調を整えることも大事です。作家の伊集院静さんが、身嗜《みだしな》みについて著書の中で次のように語っていました。

「〝身嗜み〟でまず必要なのは、体調だ。体調を整えておかなくては、その席で相手に気がかりを与える顔色をしていては失礼だからだ。

顔色からしてそうなのだから、自分の五体を整えねばならない。

髪、髯《ひげ》、爪……匂いにいたるまで整えておく必要がある。これが基本だ。

基本がそうであるなら、服装、髪型、態度は何を基準にするか。

それは清い容姿である。潔《いさぎよ》いかたちを主旨としてすべてを整える。それで十分。

若い人には、若者なりの潔さがあり、三十歳、四十歳にはそれなりの清さ、潔さがあって当然だ」

こうして、まずは相手に安心してもらうための準備を整えてから会いに行くのです。

何も難しいことはありません。服装と体調を整える。爪を切る。最低限の礼儀をもつことこそ、人と会うときの基本なのです。

自己紹介をするときには自分の実績をきちんと伝えること。ただし、自慢にならないようにしましょう。「忘年会の漫才で敢闘賞をもらったことがある」といった話は大物にはどうでもいい情報です。

いままで自分がどういう仕事をしてきたのか。相手との仕事に関わってくる用件によって実績を簡潔に伝えることです。

めんどくさい人と話すとき

ホテル業界では部屋の稼働率が70パーセントを越えるとやり手と言われます。そんな業界で、おもてなしを武器に100パーセントの稼働率をほこった『スーパーホテル』の支配人、西尾寛司《ひろし》さんを取材したときの話です。

めんどくさいお客さんからクレームを受けた場合。西尾さんは「自分が泊まっているホテルに落ち度があったとき、自分ならどうするかを考えてみる」と言います。

そうするとわかるのは「クレームをつけるのはホテルに変わってほしいと思っているから」だということ。二度と泊まるものかと思っている人はクレームをつけてきません。わざわざ相手に嫌われるようなことをする必要はない。次から来なければいいだけです。だからこそ、クレーム対応はお客さんからの面接試験みたいなものだというのです。うまく対応することができれば、お客さんは怒るどころか、常連客になってくれることさえある。

西尾さんは、酔っ払いや深夜の駆け込み客など、他のホテルならめんどくさがって断るようなお客さんもむしろ丁寧に受け入れていました。そうすることでめんどくさいお客さんが「このホテルは他と違う」と、口コミをしてくれる存在に変わるからです。逃げずに丁寧に対応する。それが、めんどくさい人と接する上でのポイントです。

これはビジネスの場面でも同じです。

めんどくさいと言われている人に自分が取材をするときも、逃げないことを大切にしています。

逃げずにきちんと相手の話を聞く。それだけで相手は自分を評価してくれる。めんどくさい人は、何か言いたいことがあるからめんどくさいのです。まずはその人の言いたい気持ちを満たしてあげることです。

誰もが会いたくないと言う大物スターの取材をするとき。そんなときも、担当編集者から「野地さんなら大丈夫」と言ってもらうことがあります。それはわたしが相手の話を最後まできちんと聞くからだと思います。

取材を重ねるなかでわかったことですが、会ってすぐめんどくさくなる人はいません。やはりこちらの対応が悪いからこそ相手がどんどんめんどくさくなっていくのです。

一番よくないのは早く帰ろうとすること。すると「まだ話は終わっていない！」などと言われて、相手は一気にめんどくさい人になります。

あとは営業の会話のコツと同じ。相手と話すときに「この人、嫌だな」、などと思わないことが重要です。相手に必ず伝わってしまいます。

では、どうすればいいのか。何か相手のいいところを探しながら話を聞くのです。さらに言えば、かわいいところを見つけると相手のことが嫌ではなくなる。

この人も努力や苦労をしているんだなとか、すぐに怒るけれど、そのあとフォローするために早口でしゃべっていてかわいいな、など。探せばいくらでも見つかります。めんどくさい人やクレーマーもそうですが、彼らは少なくとも会話が苦手ではない人たちです。1時間も自分ひとりで話したり、クレームがつけられる。

わたしは会話が苦手なので、実は、めんどくさい人やクレーマーのことを尊敬しています。そうすると「偉いな、この人は。これだけ小さなことでこんなにも長くしゃべれるんだな」と、尊敬の気持ちが自然と表情や姿勢に出てくる。それを見た相手から「この人は安心して話せそうだ」と思ってもらえるのです。

プレゼンで話すとき

プレゼンは感謝の言葉から入ることが大切です。

「プレゼンの機会を与えてくださってありがとうございます」とまず最初に伝える。意外とこれを言う人はいません。

今日この場に来ることができていかにうれしいか。初めて甲子園に出場した高校球児みたいなもので、この場に来られただけでも自分はいいんだと伝える。結果的に落としてもらってもいいというぐらいの感謝の言葉をまずは述べましょう。

また、プレゼンの際に仰々しい映像を使ったり、大きな音を出す演出をする人もいますが、やるべきではないでしょう。そういうことをやっても許されるのはよほど名前の通った人だけでしょう。

まずは感謝することです。その後ようやくつかみに入る。

では、なぜいきなりつかみではいけないのか。

つかみから入るのは、これはいいプランだと自ら言っているようなものだからです。いいプランだからしっかり聞いてくださいね。注目してくださいね、と。俺はクリエイターだ、プランナーだ、俺はできる会社員だと言っているのとおなじことなのです。具体的なプランを説明するときも決して自分の口からいいプランだと言ってはいけません。いいプランかどうかは相手が判断すること。最終的に採用されたものがいいプランなのですから。

それよりも、自分が持ってきた企画はいいプランかどうかわかりませんが、みなさんに欲しいと思われるものを持ってきました。企画の中身もさることながら、わたしはみなさんが欲しいものは何かと必死に考えて、もっとも必要と思われるプランを持ってきた人間です。そう訴えたほうがよほど効果があります。

進行の仕方も大事です。

途中まで自分で話してあとは担当者に、などとはしないこと。プレゼンは最初から最後まで全部ひとりで話し通すべきです。途中で話す人が代わると聞き手の集中が途切れて散漫になってしまいます。

そしてプレゼンはトップではない人がやったほうがいい。そうした人の方が相手に伝えたいという一生懸命さが出ます。

とはいえ無駄に声を張り上げたり、スティーブ・ジョブズの真似をしてみたり、アクターになってはいけません。

誰もがジョブズのようなプレゼンに憧れるでしょう。けれども、当たり前ですが誰もがジョブズではないのです。

彼のプレゼンの仕方はスティーブ・ジョブズがやっているからこそ成立するもの。

たった2、3回の練習でステージに立ち、ヘッドマイクをつけたふつうのおじさんやお兄さんがやったのでは、ほとんどさまにならない。

プレゼンの出だしにも気を配るべきです。

わたしは大手から新進気鋭の会社にいたるまで、プレゼンの現場にいたことがあります。そうするうちに、採用されるプランは長い説明を聞くまでもなく最初の1行でわかるようになってきたのです。

現場でそれいいね！　となるプレゼンはやはり出だしが違います。

つかみと出だしは似ていますが同じではありません。つかみはプレゼンの演出要素ですが、出だしはプランそのものの価値をにおわせるものです。

さらに言うと、いいプランには必ず質問が出ます。

説明している最中にもかかわらず「ここはどうしてこうなっているの？」など、聴衆がたまらずに質問したくなる。それがいいプランです。興味を惹きつけられている証拠です。質問に回答することで、相手の理解を補足することもできます。

質問を出させるためにわざわざ抜けた部分を入れておく必要はありません。けれども、質問が出ないシーンとしたプレゼンは、ほとんどの場合いい結果にはなりませんでした。プレゼンの持ち時間の中に質問時間を残しておくのもいいでしょう。講演でも同じことです。

わたしが講演をするときは、終了予定時刻の15分前には話を終えるように時間配分し、質問する時間を残しています。

講演が盛り上がったときは、かならず質問が出ます。

不思議なのは質問ではない質問が出ることが多いこと。

『TOKYOオリンピック物語』（小学館）という本を出した後、オリンピックについての講演をしました。

その講演後、質問があると手を挙げながらも「オリンピックとは関係ありませんが先生に聞きたいことがあります」などと、講演内容と関係ないことを話し出す人がよくいました。いったい何が聞きたいのか。結局、自分のことが語りたいのです。

質問よりも自分のことが言いたくてたまらなくなったのだと思います。しかし、相手をそれだけ刺激できたということ。そういう人が多いほど講演は成功です。これはプレゼンでも一緒です。

謝罪をするとき

わたしは『SNS時代の文章術』（講談社＋α新書）という新書で、いま一番世の中で大切なのは謝罪文だと書きました。世の中が不祥事ばかりだからです。

企業が新製品を発売したとき、マスコミにニュースリリースを書いて送れば、小さな記事にはなるでしょうが、大きく扱われることはほとんどありません。

しかし、不祥事はリリースも送っていないのに大々的に報道されます。

かつて謝罪会見のときに「私は寝てないんだよ！」と怒鳴った社長がいました。

このときは各マスコミはもちろん、世論からも大きなバッシングを受けました。謝罪の言葉ひとつで会社の評判を大きく落としてしまうこともあるのです。だからこそ不祥事の〝火消し〟のための謝罪力が必要になってきます。

謝罪のときに大事なのは、謝り方のタイミングと言葉選びです。

マスコミを通して謝罪の言葉を伝える際には、弁護士には相談しないほうがいいでしょう。「法的にリスクがあるから『責任を持つ』などと言うな」とアドバイスされることが多い。けれども、これは間違いです。きちんと責任を持たずして世間の納得のいく謝罪の言葉にはなりえません。

もちろん、軽々しく「自分がすべての責任を持つ」とも言えないものです。

ある化粧品会社が不祥事をおこしたとき。当時の社長は弁護士の言うことをそのまま聞いていたら絶対に袋だたきになると思ったそうです。

そこで「みなさんに笑顔が戻るまで、自分が責任を持ちます」と謝罪しました。非常に上手な謝罪の言葉です。「消費者全員の人生の責任を持ちます」と言ったらあらゆる保証をしなければならない。これは現実的ではありません。一生涯の責任を持つことは不可能です。

しかし、〝笑顔が戻るまで〟であれば人生の保証をしなくとも笑顔は戻る。その言葉を弁護士に頼らずに、自分で考えて言えたのはまさに謝罪力のなせる業でしょう。

現代では謝罪で人の価値、ビジネスパーソンの価値が決まります。

いくら仕事ができても、経営が上手でも、1回でも謝罪を失敗したらすべてが終わってしまう。だからこそ謝罪力が必要なのです。

電通マンの謝罪力

仕事における謝罪力が突出しているのは、電通マンです。

『電通マン36人に教わった36通りの「鬼」気くばり』（講談社＋α文庫）では、土下座をするときのタイミングについて、次のように書かれています。

「最初にお詫びにすっ飛んでいったときに土下座しても、得意先の怒りは頂点に達していて『土下座すりゃいいってもんじゃない！』と怒鳴られるだけ。一晩、間を置き、相手が少し冷静になったとき、上司と一緒に行って、みんなで並んで土下座した方が、効果は10倍高い」

まさにその通りです。謝罪の場面では相手の怒りの沸点を見極めることが大切になります。怒りのピークで土下座をしても火に油を注ぐだけ。相手が怒りのピークのときはとにかく静かに頭を下げる。余計なことは何もしゃべらないこと。

怒りのピークが過ぎてから、言い訳少なめで心からの謝罪をすればいいのです。

ビジネスシーンの会話

ビジネスシーンでは愛と感謝を交えて話をすること。

愛と感謝というとあらたまって聞こえるかもしれません。しかしごく当たり前のことではないでしょうか。

デートでも同じです。嫌いな男とデートする女性はいません。会ってもらえるということは少なくとも自分に対して虫酸《むしず》が走るわけじゃない。ここからスタートなんだなと思えると、相手に自然と愛と感謝の気持ちが湧くものです。好意を持ってもらえるかどうかはそこからの行動次第。人の悪口は言わない。食事に行ったお店の人に対して偉そうにせず、「ありがとう」「ごちそうさま」と感謝の気持ちを伝える、など。そういう当たり前のことをきちんとできる男を女性は好きになるわけです。

好意は会話の内容よりもその人自身に持つものなのです。

ビジネスも結局は人間関係です。愛と感謝をいつも忘れない人が好意的に思われ、その後の良好な取引につながるのは当然ではないでしょうか。

■チェックリスト

- □相手の受ける印象を考えた服装をする
- □相手に安心感を与えることを話す
- □お客さんを値踏みしない
- □めんどくさいことから逃げない
- □愛と感謝を交えて話をする

第6章　スピーチとレクチャーの技術

わたしがスピーチでいきついた結論

今まで多くのパーティーに出席し、スピーチを聞いてきました。けれども内容を覚えているものはひとつもありません。それは飲み会や乾杯の音頭も含め、どんな会でのスピーチも同じです。

会場を沸かせるようなスピーチを聴いたときは「いいスピーチだな」と思います。それでも、後々まで内容を覚えているスピーチはない。盛り上がったという記憶があるだけです。つまらないスピーチだと思ったものもありません。

要するに盛り上がろうが、そうでなかろうが、内容なんて誰も覚えていないのがスピーチなのです。

それなら肩に力を入れて原稿を作るより、声をきちんと後ろまで届けることに気を向けたほうがいい。相手の耳に聞こえないとどんなスピーチも意味がありません。

わたしがスピーチで唯一嫌だと思うのは長いスピーチです。20分の持ち時間があった場合、本当に20分しゃべってしまう人だと最悪です。

それだけ長い時間しゃべっていると所々笑いは起こります。しかしそれがどんなに面白い内容でも、聴いている方は早くやめてほしい気持ちになるもの。とくに乾杯用のグラスを持ちながら聞いているときはなおさらです。

スピーチは壇上で話す人から聴衆への一方通行です。20分も一方的に話を聞かされると誰でも疲れてしまうでしょう。

スピーチは短いのが何より大切。わたしは毎回同じことを言うと決めています。

「今日はパーティーですが、パーティーというのは全部宴会です。宴会にあればいいのは酒と女と音楽だけです。今日は酒もあるし音楽もある。そして、女子もたくさんいます。このあと好きに口説いていいですから」

これだけです。

パーティーの乾杯の音頭でも、結婚式で親戚が勢揃いしている場面でも、どんなスピーチでも一緒です。これでいつもおしまい。いろいろやってみて行き着いた結果、これだなと思ったので続けています。もちろんわたし自身のキャラクターも多分に影響しているので、万人に勧められるものではありませんが……。

スピーチは短いのが正解。感動的なスピーチをする必要があるのは、ノーベル賞をもらったとか、全世界が自分に注目しているような場合だけです。

村上春樹さんが「エルサレム賞」を受賞した際に披露したスピーチ、「壁と卵」みたいなものであれば後世まで残り、語り継がれます。ですが、あれは話し言葉を聞くのでなく、文章として読んだ場合に感動する内容のものなのです。

けれども、ふつうの人のスピーチは文字にして披露するものではありません。その場しのぎだと思ってやるくらいでちょうどいいのです。わたしはマイクも使わないほうがより気持ちが伝わっていいと思います。

スピーチで何を話すか

スピーチなど、多数の人に向かって話をするときに大事なのは、自分がしたい話ではなく相手が聞きたい話をすることです。

どうすればいいのか。まずはどういう人が会場に来ているのかをリサーチしましょう。

会場にいる参加者は全員が知り合いなのか、そうではないのか。ゴルフのあとだったらゴルフの話をしなければいけない。酒の席だったら、今日はこういういいお酒がありますなどと、お酒にまつわる話をしなければなりません。あとは営業トークと一緒で熱意を持って話すことです。

結婚式のスピーチ

パーティーのスピーチ同様、結婚式のスピーチもその場が盛り上がるだけでいいのです。聴く人の記憶にも印象にも残らなくていい。究極はつまらなくてもいいと思います。どうしても面白くしたいのなら、本に書いてあることをそのまましゃべってもかまいません。話芸のプロではないのですから真似をしてもいいのです。

それでも困ったら本書でくりかえし述べている会話の3要素「笑う、ほめる、相づちをうつ（共感する）」を思い出してください。

むずかしい顔をせずに笑顔で新郎新婦のことをほめる。あとは、出席者が共感できるようなことをひとつふたつ話せばそれで十分です。

他の列席者のなかにスピーチがうまい人がいたら参考までに覚えておく。結婚式のスピーチは、それくらいのことでいいと思います。

朝礼について

「リッツ・カールトン」の朝礼が話題になってからというもの、今週のＭＶＰなどと称して、従業員の表彰を朝礼に取り入れる会社が多くなりました。

正直なところ、朝礼はただ真似するだけならやめたほうがいいと思います。

毎週ＭＶＰなんて普通はいません。ただおざなりにやっているだけです。

朝礼で今流行のことをやるのはセンスが悪い。表彰される従業員にしても「どこかの企業の真似か」と思うだけです。

朝礼のスピーチも同じ。やりつくされているので、何か違うネタを見つけたほうがいいと思います。従業員と客との間で起こった感動的な出来事について話す「ワオ・ストーリー」も、もはや食傷《しょくしょう》気味です。

それなのに真似で取り入れている経営者や幹部にかぎって、社員に対しては「オリジナリティが大切」と言っていることが多い。朝礼で経営者が言行不一致をやってしまっていては社員に何を話しても説得力はありません。

講義や講演について

友人が母校で講演をしたときの話です。

体育館に集まっている生徒に最初に語った言葉を、あとで聞いて感心しました。

以下、簡潔にご紹介します。

最初に講演に招かれた感謝を述べたあと、「この中で野球部員がいたら立ってくださ い」と言い、まず野球部の生徒を全員立たせたそうです。

「野球部員のなかで成績が下から3分の1までの人、引き続き立ってください。他は座っていいです」

野球部員全員、立ったまま誰ひとり座らない。友人は聴衆に向かって話す。

「みなさんわかったでしょう？　野球部員はみんな立っている。私自身3年間ずっと野球部で成績は下から3分の1までだったから、よくわかっています。

さて、野球部員諸君、君たちは立ったまま私の話を聞くこと。とくに真剣に聞くように」

会場の雰囲気がすぐになごんだだけでなく、集まった生徒全員が最後まで話に耳を傾けてくれたといいます。

講義や講演をするときは、聴衆に参加してもらう。そうして一体感を醸成するのです。

身近な名言で締める

スピーチや講演をするとき、わたしは最後に名言で締めています。

それもサルトルなどの哲学者や文豪の言葉ではなく、漫画の中に出てくる登場人物の言葉を用います。あまり格好をつけていない身近な名言です。

たとえば、水木しげるさんが描いた『ゲゲゲの鬼太郎』の主人公、鬼太郎はこう言っていますーーというように。そのほうがより身近に感じられて相手に響くからです。

若いころ経済誌『プレジデント』で初めて原稿を書いたときには『巨人の星』の主人公・星飛雄馬《ひゅうま》のセリフを引用しました。すると当時の編集長から、「漫画から引用した記事がうちに載るのは初めてだ」と言われました。

ふつうは徳川家康など偉人の格言を紹介するもの。そのなかに『ドラえもん』の、のび太が出てきては困る。読者の誰もがわかる人物の名言を使ってほしいと。

時と場合によって使い分けをする必要はありますが、教科書的な名言は、わざわざ言わなくともみんな方々で散々聞かされています。

それなら聞き手や読み手が、「あの漫画にはそんな名言が出てくるんだ」と、あとからその漫画を読んでみたくなるような身近な名言を使ったほうがいい。人の印象に残る話になると思っています。

なぜ高校生はセックスをしてはいけないか

次にご紹介するのは、脚本家のジェームス三木さんが講演で話す内容について、なにかに掲載されたもの。うろ覚えで恐縮ですが、わたしがアレンジしてご紹介します。ジェームス三木さんが高校に講演の講師として呼ばれた場合、教師はみんな嫌がるけれど、「なぜ高校生はセックスをしてはいけないか」といった内容で講演をすることがあるといいます。

なぜ高校生でセックスをしてはいけないのか。

高校生は、ものすごくセックスがしたい生き物です。だからもし、一度でもしてしまうとその悦びに身を砕かれてクセになってしまう。その後の高校生活でセックスばかりに関心がいってしまう。するといっさい勉強をしなくなる。

高校生であれば勉強をしなくても、もてるヤツはいる。話が面白くなくても、もてるヤツはいる。野球で活躍しなくても、もてるヤツはもてる。

けれども、セックスばかりしていて、勉強もしない、面白い話の仕方もわからないいま大人になると、いくらかっこよくても大人になってからもてなくなる。

だから高校生のみなさん、今はセックスしなくていいです。勉強をしなきゃいけません。

人生は高校時代よりも大人になってからのほうがずっと長い。今たくさんセックスをすると、大人になってからもてなくなるから、今は勉強しなきゃいけない――。

そう話すと大抵みんな納得するのだとか。

数ある講演のなかでも、すごく面白い内容だと感動しました。

一方的に「これはダメだ」と話すより、ジェームス三木さんのように意外な角度から相手に「ハッ」と気づかせることができるようになれれば、会話の達人の域に近づいていると言えるのではないでしょうか。

■チェックリスト

□肩に力の入ったスピーチ原稿はつくらない
□ビジネスでは相手のメリットになることを話す
□流行りネタを使わない
□聞き手に身近な名言を使う
□一方的に話さず相手が興味を持つ言い方をする

第7章　会話の達人たちの技術

●チャーチルとたかみな

第二次大戦のときのイギリス首相、チャーチルは会話とスピーチの達人です。チャーチルはイギリス国民が面白がって聞く話をしました。戦争が続いた暗い時代、ヒトラーに対して一歩もひかず、国民を鼓舞しました。

彼の会話、スピーチの秘訣は名言とジョークです。

チャーチルは国民に話しかけるときの秘訣をこう語っています。

「必勝方法は、名文句を続けた後で急に親しみやすくかつ会話調に変える、この組み合わせを使うことだ」

「聴衆は日常的に使われる、簡潔で素朴な言葉を好む」

「簡潔な表現はそうでない表現に比べてより古い時代に由来していることが多い。国民性に根差したそれらの言葉は、時代が下ってラテン語やギリシャ語から導入された言葉よりもはるかに強力に訴求してただちに理解される」

名言を入れた後、親しみやすい言葉で話しかける。それがチャーチルです。

そして、ＡＫＢ48を卒業した、たかみな（高橋みなみ）もチャーチルと同じ手法を使っていました。

彼女のスピーチはこんな具合です。

「私は毎年、『「努力は必ず報われる」と、私、高橋みなみは、人生をもって証明します』と言ってきました。

『努力は必ず報われるとは限らない』。そんなの分かってます。

でもね、私は思います。頑張っている人が報われてほしい」

「どう頑張ったら選抜に入れるのか。

どう頑張ったらテレビに出れるのか。

どう頑張ったら人気が出るのか。

みんな悩むと思うんです。

でもね、未来は今なんです。

今を頑張らないと、未来はないということ。

頑張り続けることが、難しいことだって、すごく分かってます。でも、頑張らないと始まらないんだってことをみんなには忘れないでいてほしいんです」

彼女のスピーチは上場企業の社長より、はるかに上手で、文章にしても読めるものです。

思うにチャーチル、たかみなの共通点は、その場を盛り上げることだけを考えてしゃべっているのではなく、文章になっても通用する文句を話していることなのです。

●ライフネット生命の出口治明さん

出口治明さんは話の「つかみ」の達人です。

以前、講演会を拝聴したときのことです。つかみとして出口さんは「ペリーがなぜ鎖国下の日本に来たのか」という話をして、一気に聴講者の関心を集めていきました。

以下に要約してご紹介します。

ペリー来航時のアメリカはまだ捕鯨をしていました。身を食べるのではなく、クジラの油（鯨油）を集めていたのです。遠くまでクジラを捕りにいくと当然、船の燃料がなくなってしまう。

「寄港地が近くにないから、日本を開港させて燃料と水を供給してほしい」というのがペリーの要求だった……そんな風に日本の教科書には書かれている。

けれど、出口さんは「それは嘘です」と言います。

くわしく調べてみたらペリーが乗ってきたのは軍艦級の船。しかも、戦艦大和クラスの超大型の戦艦だった。戦艦だからどう考えてもクジラを捕るためじゃないはずだ。本当は中国との交易のための燃料補給の中継地として日本がほしかったのだ。そのための開港〝交渉〟のために、一番大きい軍艦を連れてきていたのではないか……。

「捕鯨船の燃料補給のための燃料がほしい」というのが本当の理由だったのなら、もっと小さな船で来てこつこつ交渉していたのでは？――というような話を講演冒頭のつかみでされていました。

さらには、マルコ・ポーロという人物も実はいなかったとする説すらあるらしいと続けていました。

過去の歴史は誰もが変わらないと思っている。けれども、ペリーが黒船で日本に来航した理由はもとより、本当はマルコ・ポーロという人物が実在したのかどうかすらも怪しい。現在でも歴史はどんどん変わっているのだ、と。

今までは常識だとされていたものが、きちんと調べてみたら実は全部嘘だった――。

そういう話をつかみでするわけです。

もっともらしい常識を話してもすぐに飽きられてしまいます。話題として一番面白いのは、このような「え？　知らなかった！」という新鮮な驚きのある話なのです。

この考え方は会議などでつかみが必要なとき、大いに役立つでしょう。

●トヨタ自動車名誉会長の張富士夫さん

張富士夫《ちょうふじお》さんは「人に説明をする達人」です。

トヨタの歴代社長の中で会長になった人は何人もいます。しかし、名誉会長にまでなったのは豊田家以外では初めてです。

張さんは元々広報部で社内報の編集をやっていました。だから、専門的な難しい話でも素人にきちんと伝わるように話すのがうまい。

張さんの説明のポイントは、自動車の専門用語（テクニカルターム）を使わないことにあります。「見える化」や「自工程完結」などの〝トヨタ語〟も極力使わない。難しい言葉を使うのは自動車関連の講演会のときだけ。つまり、聞いている相手も専門家であるときにしか専門用語を使わないのです。

取材にきたわたしのようなライターに対しては、話している相手の知識レベルに合わせて、伝わる言葉だけを選んで説明してくれる。社外に向けてはどういう言葉で伝えればいいかということをはっきりわかっているのでしょう。説明する際の気配りが徹底しています。

坂本龍馬が西郷隆盛に会ったあと、勝海舟に「小さく打つと小さく響いて、大きく打つと大きく響く人ですね」と、感想を言ったという逸話があります。

張さんもまさにそれと同じ。人を見て、その人に伝わるように話す技術は、とくに会社のトップには絶対に必要な技術でしょう。

しかし、取材で話を聞いていると、とくに技術系の会社の社長は専門用語をたくさん使ってしまう人が多いのも事実です。そうすると読者に伝わりづらい表現になってしまう。

ですからわたしは取材の際に「小学5年生にでもわかるように説明してください」と伝えます。そうするとしゃべれなくなる。「ほかの言葉で言い直してください」とお願いすると、混乱して話せなくなってしまう方が驚くほど多いのです。

靴ひもを結ぶのは簡単であり、一度覚えてしまえば誰でもできる。けれども、靴ひもを結んだことのない人に、靴ひもの結び方を説明できる人はほとんどいない――と、ある学者が言っていました。

靴ひもの結び方はみんなわかっている。ただ、わかっていたからといって、やり方を説明できるわけではない。伝わるように説明しようとすると、「このひもを右の指と左の指でつまんで、右のひもを――」などとものすごく細かな説明をしなければいけません。少し試していただければすぐにわかりますが、説明するのはほぼ不可能でしょう。

同じように自転車に乗るのは一度乗り方を覚えてしまえば簡単です。しかし、乗り方の説明書を読んで乗れるようになった人はまずいない。覚えれば簡単にできることを言葉で説明することは、実は極めて難しいことなのです。

張さんは靴ひもの結び方と自転車の乗り方の説明ができる人です。「人に説明をする達人」と言えるでしょう。

●くりぃむしちゅーの上田晋也さん

くりぃむしちゅーの上田晋也さんは「司会の達人」です。

なぜそう思ったのか。上田さんが司会を務めるテレビ番組に、わたしがゲスト出演したときの話をご紹介します。

番組収録の際、普通の司会者であれば、自分でどんどん話して現場を仕切っていくことが多いものです。アシスタントは一つか二つ程度質問するだけ。あくまでアシスタントとして扱う。

しかし、上田さんは違いました。あまり自分からは話をせず、アシスタントやほかの出演者から、わたしにいい質問をするように促していたのです。

ゲストのわたしだけを立てるのではなく、出演者全員に出番を与えるように気を配っていた。そのおかげでさまざまな意見が飛び交い、収録は大いに盛り上がりました。全体を見る大局観を持ち、長期的な話の盛り上がりを考えて、現場での状況判断をしていたのでしょう。

多人数がいる場面では司会者だけがしゃべるのはよくありません。意見が画一的になりがちですし、ほかの参加者が意見を言いづらくなってしまいます。当然会議は活性化せず質も下がります。

おもしろい質問やいい質問はできるだけほかの人にさせる。参加者に率先して話す機会を与える。それが上手な司会者であり、その場のホスト役の極意だと勉強させていただきました。

こうした気配りの会話術はみなさんが会議で司会や進行役をやる際にも大いに参考になるところです。

大勢が参加する会議などでは自分の話の内容だけではなく、全体に気を使うべきなのです。

●フリーアナウンサーの夏目三久さん

直接お会いしたことはありませんが、アナウンサーのなかでも夏目三久さんの話し方はとても好印象です。

話す相手の目をきちんと見てしゃべっている。

高倉健さんもそうなのですが、目を見てしゃべることで話し相手にもその会話を見ている人にも感じの良さが伝わります。これは簡単そうで実はできていない方が多いものです。

とくに夏目さんのような司会の方は本来はある程度はカメラを見ていなければならないはずです。するとどうしても相手の目を見ることがおざなりになってしまいがちです。

夏目さんは話し相手の目とカメラを見ること、そのバランスもとてもうまい。

それが際立った好印象を与える秘訣なのです。

●ホイチョイ・プロダクションズの馬場康夫さん

世間では話しベタだとされている。自分でもそうおっしゃっているけれど、話ベタな人の上手なコミュニケーション術、気配りのコツを知っている人。それが、クリエーターグループ、ホイチョイ・プロダクションズの馬場康夫さんです。

馬場さんは自分のことは取材させない、雑誌に書かせないことでも有名です。私は一度だけノンフィクションで書いたことがあります。取材中も「少し魔が差した」と言っていたほど、個人でマスコミに出るのは絶対に嫌だという人。できるだけほめられたくない人です。

先述した『電通マン36人に教わった36通りの「鬼」気くばり』の著者でもあり、本のあとがきには「自分は本来は気くばりなどとは無縁の人生を送ってきた無神経なオタクである」と書いています。だから「『気くばり』の達人といわれる秋元康さんのような大儲けができていない」とも。

しかし、わたしは馬場さんと取材でお会いしたとき、その気配りに感銘を受けました。

はじめにお会いして挨拶をしたとき、直立不動で直角に頭を下げられました。しかもなかなか頭を上げない。これだけ直立不動で直角の挨拶をする人は高倉健さんと馬場さんくらいしか知りません。

その後、取材先に向かうため、馬場さんの車に一緒に乗せてもらったときのことです。ご自身が運転をしていたのにもかかわらず、わたしが降りるときにわざわざ助手席に回り込んでドアを開けてくれました。

実は馬場さんも気配りや礼儀正しさを大切にしている人なのです。

誰と会ってもここまでやるかというくらい礼儀正しい。スーツなど、身だしなみにもすごく気を使っています。相手に話しやすくさせる基本ができている。

気配りや礼儀作法に関して馬場さんは「人をまねるといい」と言っています。シェイクスピアの戯曲と同じで全部オリジナルである必要はない、と。

事実、シェイクスピアの戯曲は全部がオリジナルでありません。半分くらいは歴史物などが入っているから、人が書いたものをもとにしている。それでも歴史や国を超えて多くの人の支持を集め、愛されている。つまりオリジナルだから面白い、正しいということはない。

馬場さんは気配りもこれと一緒で、人の良い点をまねるべきだということをおっしゃっているのです。

●司会者・俳優の峰竜太さん

峰さんがすごいのは、知ったかぶりを絶対にしないことです。

ラジオ番組で峰さんと話したときのこと。専門的な話になると峰さんの質問はまるきり素人のものでしたが、どんな質問をされても気になりませんでした。「知らない」ということを堂々と言うから、むしろくわしく説明してあげようという気持ちにすらなったのです。

その番組はあらゆる分野の専門家が出演するものでした。しかし、峰さん自身が何でもかんでも専門家になることはできません。すべての分野の勉強をするのは時間的に不可能なはずです。だからといって知ったかぶりをしても専門家にはすぐに見抜かれてしまう。そうすると専門家は話す気持ちがなくなる。どこから説明していいのかすらわかりづらくなってしまいます。

峰さんはそのことがわかっているのでしょう。だからこそあえて「知らない」ということをわかりやすく相手に伝えているのです。知ったかぶりをしないことこそが、自分の専門分野である司会の極意だということがわかっている印象でした。

仕事の打ち合わせの際には、相手のことを全部勉強していくべき、調べていくべきだとは思います。

けれども、突然、人に会うことになったり、何の背景も知らないけれど会わなければいけなくなる場合もある。時間的に勉強することができないことも多いでしょう。

峰さんはそういったときにどうすればいいのかということを教えてくれる人です。正直に「わたしはわかりません。くわしくありません」と伝えることが大切なのです。知ったかぶりをしない人として、峰さんは信用が置ける。知らないことをわかった風に言う人より、よほど信頼できる人だと思いました。

もちろん偉い人の前で「何も知りません」とは言えない状況もあります。

たとえば高倉健さんの前で「高倉さんの映画は1本も観ていません」とは言えません。そういう場合は、勉強できるまでは会わない、もしくは先輩に頼むのがいいでしょう。

●日本サッカー協会最高顧問の川淵三郎さん

川淵さんは聞く人を飽きさせない達人だと思います。

近年ではその手腕を買われて、日本バスケットボール協会会長にもなっています。危機にあったトップリーグを見事に救ったことは記憶に新しいところです。

川淵さんのゴルフの本（『川淵キャプテンにゴルフを習う』プレジデント社）を書いたこともあり、出版記念として一緒に講演をする機会がありました。

講演で話す内容について打ち合わせをしたときの話です。

「野地くん、ぼくは何でもしゃべるし、何分でも話すから、君は止めてくれればいいよ」と言ってきた。確かに本番ではいくらでも話をしていました。

たとえば日本サッカー協会の副会長をしていた当時の話。１９９６年のこと、サッカーのアトランタオリンピック予選の準決勝か決勝の前日、ゴルフでホールインワンを出し、「まずいな」と思ったといいます。ここで運を使っちゃっていいのかなと思ってあせったけれど、前園真聖選手が活躍して無事アトランタオリンピックに出場できた。「これいい話じゃない？　ゴルフとサッカーにはちょうどいい話でしょ？」

瞬時にそんなエピソードが飛び出してくるのです。

その次にまた違う話をする。話題はあちこちに飛ぶ。飛ぶのだけれど、全体としてはどの話にも川淵さんらしさが出ていた。

そのとき、今まで取材してきた人のなかで「この人、話すのがうまいな」と思った人は、たいてい話がいきなり飛んでいたのを思い出しました。

話がうまい人は関心があらゆる方面に散らばっています。その関心がまた別の関心につながり、さらにその関心が――というようにどんどんひろがっていく。そうすると話があちこち柔軟に飛ぶのでしょう。

関心が幅広く話題が豊富だからこそ話が飛ぶ。だからこそ、聞く人を飽きさせない面白い会話ができるのです。

●画家の千住博さん

『ニューヨーク美術案内』(光文社)を共著で出した、千住博さんも会話の達人です。日本画の専門家である千住さんですが、普段の会話で日本画の話はしません。もちろん聞かれたらするけれど、長々とはやらない。

超一流の専門家であればあるほど、自分がいちばん得意な話は人にしないものです。絵の具は何の材料でできている、この絵の具を使うとこういう色になる、など。本当に専門の話は素人とはできません。聞く人の知識レベルがばらばらだと、共通の話はできないのです。

なにより、専門的な話は素人には面白くない。そこを千住さんはよくわかっている。わたしは美術ライターなので千住さんとはある程度専門的な話もできます。それでもポップアートの話が中心です。千住さんの卒業論文は「ポップアートについて」なので、ある程度お互いに話ができる。一方、わたしが日本画にはくわしくないので、千住さんとの会話で日本画の話は出ません。

　また、わたしも仕事として取材する機会があれば聞きますが、雑談では専門家に専門的な話を聞いてはいけないと思っています。

　パーティーで会った医者に「自分はいまこういう症状なんだけれど、どう思う?」などと聞く人がいます。プロが職業としてやっていることをカネを払わずに聞こうとしているわけです。やめたほうがいい。

　専門家に専門的なことを聞いてはいけない。素人に専門的な話をしてはいけない。これは雑談における最低限の礼儀ではないでしょうか。

●みのもんたさん

　みのさんはプロの司会者ですから、もちろん話の達人です。

　話すのも聞くのもうまい。けれども、わたしはその神髄《しんずい》は仕切るうまさにあると思っています。大勢に話をさせて発言を促したり、話の流れを整理する技術。つまりファシリテート（会議を活性化させること）の技術は、みのさんが日本でいちばんでしょう。

ラジオに出演したときのことです。

みのさんはゲストのわたしだけでなく、必ずディレクターにも話題を振っていました。あらゆる人の意見を聞き出し、その場の話題を活性化させるのです。そのとき、みのさんの面白さは話の振り方にあるのだなと感じました。

そして質問による話の引き出し方もうまい。

話の展開にかかわらず、唐突に「で、どうなんです?」と話を振る。その話を振るタイミングが抜群にいいのです。

前の人にたくさん話させて、すかさずその次の人に「で、どうなんです?」と振る。みなさんもそんな場面をテレビで観たことがあるかと思います。自分の考えがまとまる前に急に話を振られた人は、本音で話さざるをえなくなる。もちろん、それまでの話題とまったく違うことをしゃべったとしても「うんうん」と静かに聞いている。

つまりみのさんは、仕切りの技術を自在に操って場を盛り上げ、会話を進めているわけです。このやり方は話術に自信がないという人でも参考にできると思います。

自分がどう話すかではなく、誰にどんなタイミングで話を振るかによって相手から面白い話やリアクションを引き出す。それによってあたかも自分まで面白い会話をしているように思わせられるのです。

●ヤッホーブルーイングの井手直行さん

『インドの青鬼』『僕ビール、君ビール。』など、少し変わった名前と既存商品にはない独特の味わいのビールで人気を博している「ヤッホーブルーイング」の井手直行社長。

クラフトビールブームが起こるずっと前からコツコツと独自のビールをつくりつづけ、今や会社を大手に次ぐ業界6位のメーカーにした人物です。

彼は会話にのぞむ姿勢の達人だと思います。

井手さんと会うと、いつもにこにこしている。一緒に話をしていると、あなたといると本当に楽しいんですよといった顔をしてくれる。体を動かして、もう楽しくて楽しくてたまらないんです。そういう気持ちを体中から出してくる。

するとこちらも嬉しくなり、井手さんと話すのが心から楽しくなってくる。

だからこそ誰もがもう一度井手さんに会いたいと思ってしまう。

しかも自分にだけではなくて、きっと誰に対してもこの人は同じ態度なんだろうなと思わせる稀有《けう》な人です。

実際、井手さんは顧客に対してもファンという捉え方をしている。ふつうなら型通りの対応で済ませるような顧客からの問い合わせに対しても、なぜこのビールをつくっているのか、自分の原点の話から切々と伝えるのだといいます。

顧客にしてみれば、ビール会社の社長が、一顧客にそんなに丁寧に対応してくれるなんて思いません。だからこそ、ただのお客さんではなくファンになるわけです。

こういう人はなかなかいません。

人のよさと屈託のなさ。これはなかなか真似してできるものではありませんが、ぜひ参考にしたいところです。

●サイバーエージェントの藤田晋さん

藤田さんとは取材で2回ほどお目にかかりました。

話を聞くなかで感心したのは、共通の知人を自然とほめることです。彼は、人をほめる天才だと思いました。

たとえば話のなかでユニクロの柳井会長の話が出たとします。

「柳井会長、ゴルフがすごくうまいんですよね。でも一緒にプレーできないほどのうまさじゃないいんだけど」

「柳井会長はきびしくてやさしい、いい人です」

このように会話の中で相手を自然とほめる。

「秋元康さんはこういうところがいいんですよね」

実に何気なくほめるのです。

ふつうは自分より立場が上の人をほめると、どうしてもこびを売るような気配がするものです。ところが藤田さんは全然態度が変わらない。ひとりの人間としてごく自然にほめているのがわかるのです。

しかも、そのあと自身のブログで取材したわたしのこともほめてくれたりする。藤田さんが誰からも好かれている理由がわかった気がしました。

共通の知人に対して会話の中で自然とほめる。そうすると当の本人に会うたびに「そういえばこの人ほめられていたな」と、いっそうその人を好きになる。とてもすてきな循環だと思います。

会話の達人は話の内容はもとより、愛と感謝にあふれている人たちなのだ。このときあらためて実感しました。

●秋元康さん

秋元康さん。彼と話していると、会話のなかに名言が出てきます。それも自分で考えたものです。

いま、「神メンバー」「神接客」「神対応」など、神という文字を頭につける言葉が流行っています。最初に「神〜」を使ったのは秋元さんです。

「野地さん、記憶に残る幕の内弁当ってないんですよ。『あの幕の内弁当が一番おいしかった』って人はいない。

『イカめし』はあの店がうまいって言う人はいる。『とんかつ弁当』だったらここだって言う人もいる。けれども『幕の内弁当』は全部一緒なんです。

だから、話もそうだけど、ひとつのことだけしゃべったほうがいい」

そのほうが記憶に残るのだと言うのです。伝えたい内容が集約されて強く伝わってくる。すごい技術です。

仕事の場面においても、幕の内弁当のような総合的な話、相手の印象に残らないような話はしてはいけないのは肝に銘じておきたいところでしょう。

結局のところ人との会話でいつまでも印象に残るのは長い話ではない。ちょっとした名言的な一言だったりするわけです。

そう考えると、会話や雑談といっても、そんなに難しいものではないのではないでしょうか。

■チェックリスト

- □幅広い分野に関心を持つ、話が飛んでもいい
- □専門家に専門的な話を振らない
- □話の振り方を大事にする
- □笑顔や態度で「話せて楽しい」を表わす
- □その場にいない人をほめる

会話におけるテッパンの鬼十則

1 常にほほ笑むことで「あなたの敵ではない」と意思表示せよ
2 年齢、性別に関係なく、誰に対しても使えるほめ言葉を使え
3 相手の話に心から共感したときにだけ、相づちをうて
4 服装や髪形など「相手にとって気持ちの良い礼儀作法」を守れ
5 リラックスするために、自分の話しやすいリズムでしゃべれ
6 雑談では、相手がした話で自分がウケた話を次の人にしろ
7 会話中は「この人が言いたいことを聞こう」と意識しろ
8 面白い話をするために、さまざまな環境を経験しておけ
9 ひとつだけでいいから人に愛されるようなキャラクターを持て
10 過剰反応で相手の話を聞き、相手を盛り上げろ

自分を変える話し方とダメな人の話し方

	自分を変える話し方	ダメな人の話し方
会話の要諦	・相手が言いたいことを聞く ・いいタイミングで相づちをうって、共感のツボをつく	・自分が話したいことをしゃべる ・どんな話でもすぐに同調する
雑談／話題	・人が話していた内容で面白いと感じた話を次に会う人に紹介する ・真似と独創をくりかえす ・自分があまり知らないことを相手と一緒にしゃべる	・場つなぎのため「つまらない話」をする ・相手が関心のない専門的な話をする ・相手が気に入っているものを評論する
面白い話	・自分しか知らないことをみんなにわかるように話す	・面白いジョークを言うことに心血を注ぐ
緊張への対策	・自分の話しやすいリズムでしゃべる	・ちゃんと話さないといけないと意識する
声の出し方	・しみとおるようにはっきりと声を出す	・早口でしゃべる ・人が気になるような高音を出す ・シャウトする
ヨイショ	・誰も傷つけないヨイショをする ・ヨイショになる質問をする	・相手に当てはまらないヨイショをする ・他人と比較して相手をほめる
打ち合わせ	・天気にかこつけて会ってくれたことを感謝する	・最初にだらだらとムダ話をする
営業トーク	・お客さんから教えてもらう気持ちで接する ・小さな約束を忘れない ・相手のメリットについて熱意をもって伝える	・上から目線で接する（説明する） ・お客さんを評価する ・知ったかぶりをする
クレームをつける	・素直に疑問点を聞く ・今後の対応を聞く	・大きな声を出す ・感情的に話をする ・相手を非難する
めんどくさい人と話す	・逃げずに丁寧に対応する ・相手のいいところ、かわいいところを探しながら話す	・話を最後まで聞かずに早く帰ろうとする

会話における「3つの基本」と「2つの姿勢」

笑う
「ほほ笑む」ことで、「私はあなたの敵ではありませんよ」と意思表示をする。

ほめる
挨拶と同じと考える。
「品の良さ」など、誰に対しても使えるほめ言葉でほめる。

相づちをうつ（共感する）
いいタイミングで相づちをうって、共感のツボをつく。

▼

紳士であること
髪形や持ち物まで「相手にとって気持ちの良い礼儀作法を守る」。
相手に安心してもらうための準備を整えてから人と会う。

姿勢を大事にすること
良い姿勢で話し、身を乗り出して相手の話を聞く。
会話をかわす前の段階で「つまらない」と思われてしまうような姿勢で会わない。

おわりに　―会話はどうして大事なのか?―

コミュニケーションにおいて会話は大切な役割を担っています。

けれども、今の人たちのコミュニケーションは、話すことよりメールやSNSでの文字や記号のやりとりが中心です。つまり話すより書くことが今のコミュニケーションの大半になっています。

そもそも家に電話がない人も増えています。オフィスの電話もあまり鳴らない。たまに家の電話が鳴ったらセールスか振り込め詐欺だったりする――。

おそらく今後もコミュニケーションは、話すことよりも、何らかの機器を介した文字のやりとりに依存する傾向は変わらないでしょう。しかし、考えてみてください。古代、文字はありませんでした。人はみな話すことだけで相手とコミュニケーションしていたのです。文字が発明されるまで、話すことが相手と交流することでした。話すことは重要なのです。

さて、世間では雑談が注目されていますが、実際に雑談する機会自体はものすごく減っているかもしれません。そして本書でもお伝えしてきたように、会話や雑談は、ある日突然うまくなるものではありません。場数を踏むことがどうしても必要になります。それなのに話すことが上手になる環境はどんどん減っている。このギャップをどうしたら埋めることができるのか。

逆に言えば、現代人の文章はどんどんうまくなっている。とはいえＳＮＳのフォーマットがどんどん短文化していますから、文章というよりも正確には単語を発信することがうまくなっているのではありますが……。

友達同士でもほとんどのやりとりはＳＮＳです。実際に会っても会話そのものを楽しむよりは、最近何があって誰と会って、今度どうするかなどの情報交換に終始している。

これではなかなか会話や雑談はうまくならないでしょう。

しかしそう悲観することもありません。今の人たちはＳＮＳを使っていても日常のなかやアニメ、漫画からちょっとした〝名言〟を拾い出すのが上手です。

その名言を使ってただただ拡散するだけでなく、会話や雑談のなかで話の種に使っていけばいいのです。

あるいは、相手が話してくれたことを「それ名言だね」と拾ってあげて、今度は自分も他の人に使ってみる。このやり方は本書でも第2章「会話の苦手意識を克服する基礎訓練」のところでご紹介したとおりです。

同じようにまずは本書に出てきたいろんな会話術・雑談術を真似して試してみてください。必ず、誰でも人と話すのは楽しいんだと思えるときが来ますから。

野地秩嘉

2016年10月

【参考・引用文献】

『諸君、これが礼儀作法だ！』山口瞳ほか　新潮文庫
『川淵キャプテンにゴルフを習う』野地秩嘉　プレジデント社
『成功はゴミ箱の中に』レイ・A・クロック、ロバート・アンダーソン共著／野崎稚恵訳
　野地秩嘉監修・構成　プレジデント社
『間抜けの構造』ビートたけし　新潮新書
『世界一のおもてなし』宮崎辰　中経の文庫
『誰も教えてくれない　男の礼儀作法』小笠原敬承斎　光文社新書
『知の教室』佐藤優　文春文庫
『熱狂しやがれ』小杉俊哉　ワニブックス
『プロフェッショナルサービスマン』野地秩嘉　プレジデント社
『大人の流儀』伊集院静　講談社
『チャーチル・ファクター』ボリス・ジョンソン／石塚雅彦、小林恭子訳
「日刊ゲンダイ」連載　せんだみつお「ヨイショ学」
『リーダー論』高橋みなみ　講談社ＡＫＢ48新書
『電通マン36人に教わった36通りの「鬼」気くばり』ホイチョイ・プロダクションズ　講談社＋α文庫
　その他、雑誌、新聞、ウェブ、これまでに行ったインタビューなどを参考にしました。

野地秩嘉（のじ つねよし）

1957年、東京生まれ。早稲田大学商学部卒。

出版社勤務、美術プロデューサーなどを経てノンフィクション作家に。人物ルポルタージュ、ビジネスから、食、芸術、海外文化にいたるまで幅広い分野で執筆。著書に『キャンティ物語』（幻冬舎文庫）、『TOKYOオリンピック物語』（小学館文庫）、『打ち合わせの天才』（光文社新書）、『高倉健インタヴューズ』（プレジデント社、のち小学館文庫プレジデントセレクト）、『接待は3分』（PHP新書）、『川淵キャプテンにゴルフを習う』（プレジデント社）、『サービスの達人たち 究極のおもてなし』（新潮文庫）、『SNS時代の文章術』（講談社＋α新書）ほか多数。

会話の天才
自分を変える3つのスキル

2016年10月25日　初版発行
2016年11月20日　2版発行

著者　野地秩嘉

発行者　横内正昭
編集人　青柳有紀
発行所　株式会社ワニブックス
〒150-8482
東京都渋谷区恵比寿4-4-9えびす大黒ビル
電話　03-5449-2711（代表）
03-5449-2716（編集部）

装丁　橋田浩志（アティック）
小口翔平（tobufune）
編集協力　弓手一平（ふみぐら社）
写真　アフロ
校正　玄冬書林
編集　内田克弥（ワニブックス）

印刷所　凸版印刷株式会社
DTP　株式会社 三協美術
製本所　ナショナル製本

ISBN 978-4-8470-6578-1
ワニブックスHP　http://www.wani.co.jp/
WANI BOOKOUT　http://www.wanibookout.com/